Alberto Peña

Tu Viaje

DESCUBRE TU LUGAR

© Alberto Peña Fernández, 2021

Título: Tu viaje
Primera edición: abril 2021

Edición y corrección: Letropía
Diseño y maquetación: Signo Comunicación Consultores

ISBN-13: 9798707054686

Este libro te lo dedico a ti querido lector o lectora.
Te mereces dar un salto hacia tu mejor versión y ha
llegado el momento de encontrar tu lugar
porque eres una persona única
y extraordinaria.

ÍNDICE

AQUÍ COMIENZA TU VIAJE

E ste libro está dirigido a todas aquellas personas que quieran reflexionar sobre su vida, buscar respuestas a sus propias inquietudes y dar un paso de maduración mental y emocional, independientemente del estado en el que estén.

Ha sido escrito para que vivas un viaje, *Tu viaje*, desde un punto de vista reflexivo sobre diversos aspectos de la vida. No se pretende que el lector esté de acuerdo en todo. El objetivo es que, como lector, a partir de las reflexiones expuestas, pienses sobre tus ideas, pensamientos y problemas y los gestiones de la mejor manera posible. Te aseguro que lo harás.

Vivimos en una sociedad en la que hay personas con pocos recursos y otras que, en cambio, los despilfarran. Además, una gran parte de ella es muy pobre desde el punto de vista emocional; vive pobre de afecto, de cariño, de control mental y es incapaz de controlar las emociones. Sin embargo, esta falta de recursos emocionales no es tan visible como la de recursos materiales. De cualquier modo, ambas crean una importante brecha en la sociedad.

El viaje en el que te embarcas consta de dos partes:

1) CON LOS PIES EN LA TIERRA

En la primera parte, se explican las reflexiones en las que está basado este libro. Hipótesis sencillas, que, en ocasiones, pasamos por alto.

2) EMPRENDE TU VIAJE

En la segunda parte, se emprende el viaje, **tu propio viaje.** Comenzarás identificando aspectos superficiales como el tiempo, la batalla de la vida, la inteligencia emocional y la felicidad, entre otros. Son una serie de obstáculos, situaciones y dramas que toda persona experimenta, alguna vez, a lo largo de su vida.

Poco a poco, te adentrarás en aspectos propios de ti como persona. Para ello, te plantearé diferentes preguntas. ¿En qué tienes que enfocar tu vida para sentirte bien contigo mismo? ¿Cuál es tu propósito en la vida? ¿Cuáles son tus miedos más profundos? Al tratar de obtener respuestas, comenzarás un desarrollo personal, en el que trataré de guiarte a través de las palabras.

Aviso a navegantes: es un libro con obstáculos (como la vida), con energía y detalles críticos; pero, a la vez, una guía que recorre el camino paso a paso. Cuenta con un formato muy sencillo: cada capítulo será una parada del viaje.

Me gustaría recalcar que, por cuestiones de claridad y terminología general, se ha utilizado principalmente el lenguaje masculino en la mayor parte del texto; aunque a lo largo de mi aprendizaje sobre el desarrollo personal he conocido muchas e increíbles mujeres interesadas en el desarrollo personal.

Me gustaría remarcar que te recomiendo leer este libro cuando desees crecer internamente, cuando quieras dedicarte tiempo a ti mismo, alcanzar lo que para ti es el éxito, superar fases negativas de tu vida, potenciar tus capacidades y obtener lo mejor de tu ser. Incluso para cuando no sepas ni lo que realmente quieres. Te puedo asegurar que YA lo sabes, aunque todavía no eres consciente.

Al final del libro hay 2 epígrafes más:

1) LA RECÁMARA, que recoge las frases más potenciadoras y claves del libro. Puedes recurrir a ellas cuando lo necesites.

2) TU REFUGIO DE PAZ, un apartado en blanco que puedes completar a medida que avanzas en el viaje incluyendo tus propias reflexiones. Será tu refugio, algo propio, tu mantra, tu amuleto, que guardarás y al que recurrirás cada vez que lo necesites.

Si estás preparado, adelante, empieza a leerlo. Pero… PREPÁRATE DE VERDAD, aparta cualquier cosa que te pueda distraer. Elige un sitio confortable, un asiento cómodo, un café o un té, sin ruidos, sin distracciones, solo TÚ y TU VIAJE.

**LÉELO PARA ENFOCARTE EN TI
COMO NUNCA EN TU VIDA
LO HABÍAS HECHO ANTES.**

CON LOS PIES EN LA TIERRA

LA VIDA ES MARAVILLOSA

La vida es maravillosa en su esencia más profunda. Debemos ser conscientes de que el conjunto formado por mente, cuerpo y espíritu en algún momento se romperá; pero, mientras tanto, disfrutemos del vínculo.

No me cansaré de repetir que la vida es INIMAGI-NABLEMENTE MARAVILLOSA. Esta maravilla está en cualquier cosa; en poder levantarte cada mañana, pasar tiempo con tu familia, en cada comida, en disfrutar de un café, poder trabajar, ENFOCARTE EN DISFRUTAR DE LA VIDA. Pasamos por alto muchos momentos de nuestra vida que son maravillosos, porque somos seres inconformistas y NO VIVIMOS EL PRESENTE, EL MOMENTO.

No disfrutamos el presente. Muchas veces, vivimos anclados en el pasado. Los miedos y nuestras creencias limitantes condicionan nuestro futuro. Nos olvidamos de vivir el momento presente, de vivir el ahora, de sentir la vida.

El concepto de vida es muy sencillo: nacer, crecer, reproducirse y morir. Sin embargo, vivimos en un sistema y en una sociedad que nos complica la vida de manera irracional. Llegamos al punto de no poder controlarla y estamos tan influenciados por el entorno que nos dejamos llevar por la corriente y perdemos el sentido de nuestra vida.

Por eso, de momento, tatúatelo y grábatelo a fuego: la VIDA ES MARAVILLOSA. Ahora bien, debes ser consciente de que llevar una vida maravillosa significa realizar un ESFUERZO que solo está en tus manos, DEPENDE DE TI, exclusivamente de ti.

La vida se puede describir perfectamente como un viaje en el que te encuentras con obstáculos, problemas, soluciones, alegrías y tristezas; con personas que llegan a nuestra vida y personas que se van; con emociones, sentimientos... La suma de todo es lo que hace que la vida sea maravillosa. Además, te voy a decir una cosa para que te vayas concienciando: en la vida hay momentos muy bonitos y momentos muy duros y agrios. En esos momentos duros siempre hay un lado menos trágico, un aprendizaje, una parte dulce que hay que aprender a ver. ¿Por qué? Porque ese valor que añadimos es el aprendizaje que obtenemos y esa es una de las claves que hace que la vida sea maravillosa.

En este viaje aprenderemos a ver ese lado amargo de una manera más dulce.

LA NATURALEZA DE LAS PERSONAS

En este parte, vamos a poner el foco en la naturaleza del ser humano.

Las personas somos seres vivos biológicamente vulnerables que habitamos un entorno hostil. Hace miles de años vivíamos con el objetivo de sobrevivir, hoy somos genéticamente idénticos a aquellos seres que buscaban y luchaban por la supervivencia.

El cuerpo humano está diseñado para poder sobrevivir en este mundo. Cuenta con un esqueleto, músculos, órganos, células, etcétera y un cerebro que es el encargado de hacer que todo el sistema funcione correctamente, de perseguir la supervivencia y gastar la menor energía posible. Es muy importante tener esto claro, si al cerebro lo dejas libre, siempre tratará de gastar la menor energía posible y se centrará en la supervivencia. Esta es una clave muy importante.

Sin entrar en detalles de su estructura, veamos distintos aspectos del funcionamiento del cerebro.

Por un lado, tenemos entre 60.000 y 90.000 pensamientos al día, tanto positivos como negativos. Nuestros pensamientos generan sustancias químicas en el organismo que nos hacen sentir de distintas maneras: felices, tristes, apagados, eufóricos, motivados…

Y ¿sabes qué?

Te adelanto otra de las claves más importantes de este viaje: puedes conseguir dominar tus pensamientos para que la mayoría sean positivos y segreguen sustancias que te permitan sentirte feliz. La felicidad depende de tus pensamientos, no de las personas, ni de tu entorno, solo depende de ti. No hace falta que lo reflexiones ahora, solo que te vaya sonando la música.

Por otro lado, diferenciaremos dos partes principales de nuestro cerebro:

Parte consciente: Es aquella que controlamos directamente, mediante nuestros movimientos, acciones, decisiones conscientes y racionales. En lenguaje cotidiano: «cuando utilizamos los dos dedos de frente».

Parte subconsciente: Es la que se encarga de recopilar toda la información que no podemos gestionar conscientemente. Por ejemplo, el dolor físico y emocional, los sentidos, las emociones, la recuperación interna del cuerpo cuando está enfermo, los estados de alerta, la preocupación, etc. El subconsciente es puro instinto de supervivencia, no conoce pasado, presente ni futuro. Solo conoce las creencias que tú le has grabado, ya sean potenciadoras o limitantes.

Hay numerosos estudios sobre cuánta información gestiona la parte consciente y cuánta gestiona la parte subconsciente. Algunos apuntan al 5 % de información gestionada por la parte consciente y el 95 % restante por el subconsciente, otros al 1 % y el 99 %, respectivamente, y otros al 10 y el 90 %[1].

Supongamos como valor conservador:

- Parte consciente = 5 %

- Parte subconsciente = 95 %

En este diagrama podrás observar la GRANDÍSIMA DIFERENCIA que existe entre ambas partes.

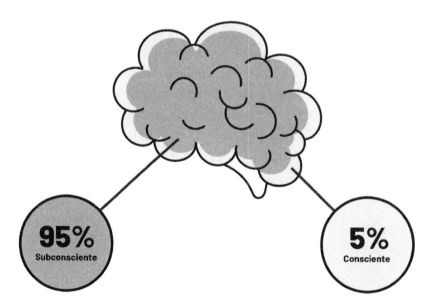

Al margen de los porcentajes de los estudios, queda claro que hay una diferencia enorme y que la parte subconsciente alberga

---

1 ***Imaging unconscious semantic priming.*** *Stanislas Dehaene et al. en Nature, vol. 395, págs. 597-600, 1998.* → *cont.*

una grandísima y poderosísima información sobre ti. Si no lo crees, reflexionemos sobre ello.

No pienses en un elefante.

De repente, tu parte subconsciente se pone en alerta y te hace que pienses en un elefante.

¿Por qué hay a veces en las que para una misma situación tus estados de ánimo son distintos?

¿Qué hace que tu corazón no pare de bombear sangre? ¿Qué motor permite que tengas interconectados todos los sentidos, gusto, olfato, vista, tacto y oído a la vez? ¿Qué hace que, frente a un corte en tu piel, primero sientas dolor y a continuación todas tus defensas se ponen a trabajar para cortar la hemorragia lo antes posible? Toda esta cantidad de información no la gestionas conscientemente y tampoco tienes capacidad para ello.

¿Por qué en muchas ocasiones no controlas tus emociones? ¡Y ni sabes por qué! —y quizás tampoco te lo hayas preguntado—.

¿Por qué hay ocasiones en las que no sabes ni lo que quieres?

¿Sabes hacia dónde dirigir tu vida en todos los sentidos —personal, laboral y sexualmente—?

Además de todo esto:

¿Cómo han conseguido los grandes genios realizar auténticas proezas?

La pregunta es pertinente, más si cabe, si tenemos en cuenta que estos mismos genios están hechos y diseñados igual que TÚ. Genios con sus miedos, emociones, tragedias y proezas; con sus éxitos y desarrollo personal.

Todas estas preguntas tienen la respuesta en tu **subconsciente**.

Tienes que tener claro que no puedes gestionar toda la información que gestiona tu subconsciente, pero sí puedes encauzarlo, tanto positiva como negativamente, aprovechando toda la información que gestiona para direccionarla hacia las metas que quieras conseguir. Y esto ES POSIBLE, porque de lo contrario, los miedos y el instinto de supervivencia puede que te atrapen y te autosabotearás. Para que esto no ocurra, tendrás que esforzarte. Por supuesto, entre los dos extremos hay muchos matices.

No nos olvidemos que somos biológicamente vulnerables y que estamos PROGRAMADOS PARA SOBREVIVIR. Que tenemos nuestros instintos y emociones; que hace miles de años estábamos cazando con nuestros útiles más sencillos y ahora hemos conseguido desarrollar tecnologías y vivir en un estado que nos hace la vida más «fácil». Pero, querido lector, hasta donde tú y yo sabemos, seguimos comiendo las mismas materias primas que se comían hace miles de años —carne, huevos, pescado, hortalizas, etc.—, además de comidas procesadas —promovidas en su mayoría por el consumo y no la salud—, y nos seguimos reproduciendo como hace miles de años: nacemos de la misma unión entre un óvulo y un espermatozoide.

¿A dónde quiero llegar? A que somos seres vivos programados de forma biológica en un mundo muy avanzado tecnológicamente, consumista, para el que no se nos prepara. No desarrollamos el control de la parte subconsciente ni la conexión entre la parte consciente-subconsciente. En este viaje, te aseguro que descubrirás muchos de estos aspectos.

Además de estar programados biológicamente, vivimos en un mundo en el que no sobrevive el más sabio, el más fuerte ni el más perfecto, sino aquel que mejor se adapta a todas las circunstancias —y esto es aplicable a todas las áreas: personal, social, profesional, etc.—. Es decir, cuanto más te adaptes, más probabilidades de éxito tendrás, y cuanto más inadaptado seas, más fracasarás —aunque no nos guste, esto es así—.

RELACIÓN ENTRE EL CONSCIENTE Y EL SUBCONSCIENTE

Ahora bien, NUNCA PODREMOS CONTROLAR la parte subconsciente, pero sí podemos hacer una cosa: dirigirla. Conducir hacia dónde ponemos el RUMBO.

En medio del océano —la vida—, el barco es tu subconsciente y el que lleva el timón eres tú —tu parte consciente—.

Nuestro cerebro no está programado para poder gestionar tanta información conscientemente, ¡RECUÉRDALO!

El cerebro se rige por la ley del mínimo esfuerzo. Es lógico si tenemos en cuenta que tiene que ahorrar energía y cuenta con sus propios mecanismos de supervivencia. De ahí que aparezcan la gula, la avaricia, la ira, la soberbia, la envidia, la pereza y la lujuria, entre otros.

Eso sí, el poder que tiene la parte subconsciente es DESMESURADO. Puedes dominar tu mente o puede que la mente te domine a ti.

Puede ser que vivas en un mundo de miedos, nervios, inseguridades. Por el contrario, cuando APRENDES A VIVIR, a dirigir tu parte subconsciente, es cuando puedes LLEGAR A CONSEGUIR vencer tus miedos, superar tus inseguridades y alcanzar todos y cada uno de tus éxitos, tanto personales como profesionales, y vivir pleno y feliz.

Tenemos formas de engañar a nuestro subconsciente. Por ejemplo, añadiendo sustancias al organismo que alteran las generadas por nuestro cerebro. Sustancias tóxicas, tales como el alcohol y el tabaco. Buscamos un falso confort de la realidad que, en apariencia, nos acerca a la felicidad. Sin embargo, lo único que estamos haciendo es ponernos una venda con pinchos allí donde tenemos la herida, lo que nos hace cada vez más daño y nos sumerge en un círculo vicioso cada vez más grande.

Por ello, a lo largo de este viaje, iremos viendo la relación entre la parte consciente y la subconsciente.

Lo entenderás mejor con un símil. Imagina que la mente consciente es el jardinero y la mente subconsciente es el jardín.

Si como jardinero te esfuerzas en plantar buenos hábitos, superarte día a día, desarrollar tu inteligencia emocional y tener una actitud positiva, cosecharás éxito, bienestar y superación. Pero ojo, no todos los años hay buena cosecha. Es decir, aunque siembres positividad, esfuerzo de superación, buenos hábitos y demás aspectos positivos, ello no implica que siempre consigas tus logros. Debes ser consciente de ello. Vivimos en un mundo hostil, con obstáculos. Pero, aun así, no te apartes de este camino, nunca dejes de persistir, será una de las principales claves para que consigas tu éxito.

En cambio, si te olvidas del jardín, cosecharás malas hierbas, malestar emocional, frustración, malas vibraciones, negatividad, aspectos que te afectarán de forma negativa tanto psicológica como físicamente.

Por tanto, esfuérzate, ya no solo en ser un buen jardinero, sino en ser el mejor. ¡Y cada día mejor aún! Cuida tu jardín, ármalo, fórjalo, siémbralo con cariño; arranca las malas hierbas, riégalo lo justo, mímalo; préstale atención y jamás te olvides de él.

LAS PERSONAS SOMOS ÚNICAS

Otra base importante que tenemos que tener presente para el resto de nuestras vidas es que las personas somos únicas.

Aunque biológica y morfológicamente seamos muy parecidas, debemos tener claro que cada persona nace con unas características genéticas concretas —ten en cuenta que hay una cantidad elevadísima de combinaciones genéticas—. Además, cada persona nace en una familia con hábitos y costumbres concretas, recibe unas enseñanzas y desarrolla unos aprendizajes distintos. Su personalidad básica se forma durante los seis primeros años de vida y, por todo esto, cada persona vive su propia y única batalla de la vida.

Crecemos en ambientes sociales distintos, lo que influye en cada uno de nosotros, en nuestros miedos e inseguridades, nuestro dolor y superación personal.

Una de las formas de darse cuenta de esto es viajar y conocer otras culturas, personas y tradiciones; entonces empiezas a ver la vida con otros ojos. Algunos recursos que para el mundo occidental son insignificantes, como una ducha diaria, en otros países son impensables. Uno se da cuenta de estas diferencias al ver en la sonrisa de un niño del tercer mundo una felicidad que mucha gente del primero lleva años sin sentir. Y eso que lo tenemos todo —o eso nos creemos—.

La vida nos golpea a cada uno de una manera distinta y la respuesta de cada uno es diferente.

Por tanto, si consigues entender esto en su máxima extensión, no prejuzgues a la gente ni a tu entorno y tampoco esperes la comprensión del resto. Desarrolla tu empatía. Céntrate en dar lo mejor de ti en todos los aspectos.

Una característica absurda de nuestro cerebro es que nunca pensamos en términos absolutos, sino relativos. Siempre nos comparamos con los demás y siempre con alguien que está «por encima» de nosotros. Por ejemplo, siempre nos comparamos con aquellos que tienen mejor salario, nunca con los que acaban de perder su puesto de trabajo. Comparamos hasta el punto de sentirnos muy mal con nosotros mismos y esta práctica es muy dañina.

Cada persona es distinta. Cada individuo vive su propio viaje de la vida. Evitemos las comparaciones propias y ajenas, las críticas destructivas y fomentemos el ánimo y la superación de cada uno.

Por tanto, ten siempre presente que cada persona VIVE SU PROPIA BATALLA DE LA VIDA, ¡NO CUESTIONES! y te irá mejor.

CLAVES DEL SENTIDO DE LA VIDA

A modo de resumen, ya sabemos algunas de las pautas del sentido de la vida:

1. La vida es maravillosa a pesar de las circunstancias en las que se ve envuelta. Es maravillosa con sus cosas buenas y menos buenas.

2. Existen dos funciones principales del cerebro. La pequeñita que controlamos —consciente— y la grande y poderosa —el subconsciente— que no podemos controlar directamente pero sí dirigir. Si nos esforzamos en dirigir el subconsciente, conseguiremos alcanzar todos nuestros propósitos.

3. Estamos programados biológicamente con instintos y emociones. Aquellos que mejor se adaptan son los que obtienen mayor éxito.

4. Las personas somos únicas. No hagas comparaciones, cada uno tenemos nuestra propia batalla de la vida.

EMPRENDAMOS EL VIAJE

Tu viaje hacia el interior lo emprenderás desde lo más superficial hasta lo más profundo; desde la realidad externa hasta nuestros miedos más recónditos —la parte más dura y que requerirá mayor esfuerzo—. A medida que avances, habrá momentos en los que te puedes abrumar. No te preocupes, significa que avanzas —pues estás reflexionando—; ocúpate de seguir recorriendo el viaje. No será fácil, pero sí satisfactorio y para eso tienes que llevar tu propio ritmo.

Este camino lo emprenderemos tú, tu consciencia y una voz que te irá guiando a través de las páginas de este libro. Imagínate que el dueño o la dueña de esa voz es de tu mismo sexo, lo entenderás al final de este viaje.

Pasaremos por varias fases mentales que se pueden resumir en:

1. Conocimiento de la realidad. Allanaremos el terreno siendo conscientes del tiempo, del amor, de la vida. Poco a poco, iremos centrando nuestros pensamientos. Profundizaremos en nuestro interior, en nuestros miedos, en aquello que nos inquieta. Una vez que hemos tocado fondo, ahora nos queda... ¡DESPEGAR!

2. El despegue. Continuaremos nuestro viaje con el crecimiento personal. En esta fase, superaremos nuestros miedos o, al menos, avanzaremos en esa dirección. Nos potenciaremos y veremos la vida desde otra perspectiva.

El crecimiento personal ya lo emprendiste antes de que este libro cayera en tus manos. Aunque no lo supieras, ya había algo en tu subconsciente que te estaba animando a mejorar en tu vida y es posible que ni TÚ fueras consciente.

Antes de viajar o cuando estamos perdidos, lo habitual es coger un mapa para vislumbrar el camino. A continuación, te muestro el mapa que seguiremos dividido en dos partes: la del conocimiento de la realidad (autoconocimiento) y la del despegue.

El conocimiento de la realidad se basa en la idea de que cada parada del viaje es un escalón. Los iremos subiendo poco a poco, paso a paso. Al principio, los escalones son pequeños, pero a medida que nos vamos haciendo fuertes, nos irá costando cada vez más esfuerzo subirlos.

No pienses que el objetivo es llegar a la cima. El objetivo es vivir cada escalón.

El despegue parte de la idea de que una vez que hemos atravesado el lado oscuro y nos hemos hecho aún más fuertes, solo nos queda ¡arrancar motores! y crecer.

El lado oscuro

Conoce tu YO
más profundo

Creencias limitantes

¿Quién soy?

La vida es sintonía

Sé el mondiador visionario

El amor propio

¿Qué es el éxito?

¿De qué te tienes que ocupar?

Inteligencia (emocional)

¿Qué es el tiempo?

Ser buena persona

La injusticia de la vida

La alegría de la vida

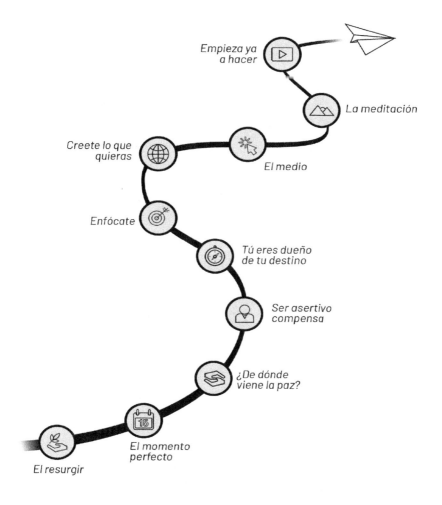

Empieza ya
a hacer

La meditación

Creete lo que
quieras

El medio

Enfócate

Tú eres dueño
de tu destino

Ser asertivo
compensa

¿De dónde
viene la paz?

El momento
perfecto

El resurgir

LA ~~BATALLA~~ ALEGRÍA DE LA VIDA

La vida es un viaje que tiene un principio y un final —al menos la relación mente, cuerpo y espíritu—.

Vivimos en un sistema en el que de forma continua nos encontramos con muchas variables, adversidades y obstáculos inesperados con los que tendremos que lidiar.

Se trata de un entorno en el que estamos continuamente vapuleados por muchísima información. Nosotros permitimos que mucha de esta información nos dañe y nos haga sentir vulnerables, débiles y flojos. Todos los días vemos noticias dolorosas, muertes, desgracias, despidos de trabajo, enfados, rupturas, altercados, etc.

Pero la vida TAMBIÉN es salud, victorias, felicidad, trabajo, alegría, reconciliación, diversión. TODO forma parte de la vida, por eso la vida no es una batalla, es una alegría —con toques amargos— que muchas veces pasamos por alto. Recuerda que la vida es maravillosa con todo lo bueno y lo menos bueno, pero es MARAVILLOSA.

¿Sabes por qué te pasa esto?

¡Porque un pensamiento negativo puede llegar a ser tan grande como cinco pensamientos positivos! —o incluso más—. Debes generar cinco pensamientos positivos para superar uno negativo. Solo así podrás producir las sustancias en tu cuerpo que te permiten sentirte bien y eliminar las que te hagan sentir mal. Si entendemos esto, sabremos que lo que tenemos que hacer no es generar pensamientos positivos continuamente, sino gestionar mejor los pensamientos negativos. No luches contra ellos, el esfuerzo y el desgaste es muy grande. Hay que dejar claro que las emociones negativas son parte de la vida.

Los pensamientos negativos son como la oscuridad, no puedes luchar contra ella. Cuanto más luches, más te desgastarás y mayor impotencia tendrás. Pero tú tranquilo, aprenderemos a encender la bombilla.

Por eso, haremos el esfuerzo de ver las oportunidades en los momentos negativos. Aprenderemos a ver que las espinas tienen rosas y no que las rosas tienen espinas.

Porque no siempre podrás hacer todo lo que quieres, pero siempre podrás querer todo lo que haces.

Aspiramos a situaciones y estados mentales para ser felices, cuando, hoy, ya lo tenemos todo para serlo.

Por eso, tu objetivo tiene que ser vivir cada día de la mejor forma posible, enfrentar todas las adversidades que tenemos y, cada día, ser un poquito mejor. Ahí es donde radica la verdadera alegría de la vida. La vida no es perfecta —es vida—. Por eso, no pretendas que sea perfecta.

Si quieres vivir realmente la alegría de la vida tienes que aspirar a:

1. SER RESILIENTE y conseguir las capacidades para salir de las dificultades de la vida de manera POSITIVA. En este viaje ya has empezado a formarte en ser resiliente, aunque no lo percibas, pero sigamos paso a paso.

2. Ser tu mejor versión en todos los aspectos.

3. Alcanzar una vida plena, sin sufrimientos innecesarios ni victimismos que te autodestruyen.

Te aseguro que puedes conseguirlo, aunque todavía no lo sepas, PUEDES CONSEGUIR ENCAUZAR TU SUBCONSCIENTE HASTA LÍMITES QUE NO TE IMAGINAS.

«Toda persona tiene la capacidad para cambiarse a sí misma»
Albert Ellis

Sigamos…

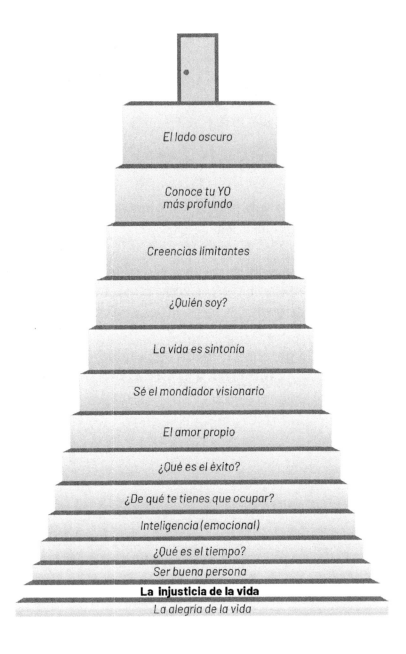

El lado oscuro

Conoce tu YO
más profundo

Creencias limitantes

¿Quién soy?

La vida es sintonía

Sé el mondiador visionario

El amor propio

¿Qué es el éxito?

¿De qué te tienes que ocupar?

Inteligencia (emocional)

¿Qué es el tiempo?

Ser buena persona

La injusticia de la vida

La alegría de la vida

LA INJUSTICIA DE LA VIDA

Todos los días vemos situaciones injustas como el reparto de recursos, salud, salarios, etc. No es un reparto equitativo. No se reparte en función de los valores ni del esfuerzo o el sacrificio.

Esta parada es fundamental. Muchas personas, ante una desgracia, consideran que la vida es injusta, se entristecen y se apagan. ¿Tienen razón? Sí. ¿Están perdiendo el tiempo en readaptarse a la nueva situación? También. Es duro, conlleva un esfuerzo, pero su objetivo ya es readaptarse a la nueva situación, porque se vive más feliz y porque...

¿Quién ha dicho que la vida tenga que ser justa?

¿Por qué la vida tiene que ser justa?

La vida no es justa ni tiene por qué serlo. La vida es vida con todos sus aspectos positivos y no tan positivos.

Por lo tanto, empezamos a andar este viaje sabiendo y aceptando que la vida es injusta, y ¡ojo! eso es lo que la hace realmente maravillosa.

¿Perdona?

Sí, así es, la vida es injusta y es maravillosa, pero nos aferramos siempre a la injusticia.

¿Sabes por qué?

Porque no sabemos vivir. No sabemos cuál es el sentido de la vida. Seguramente nadie nos lo ha revelado y nosotros no nos hemos parado a pensarlo.

Estamos tan acostumbrados a anclarnos al dolor que no sabemos gestionar la injusticia. Ejemplos de injusticias hay muchos.

Injusticias generales:

- La discriminación social, racial y cultural.

- La desigualdad entre hombres y mujeres.

- La trata de personas.

- Las guerras.

- Las enfermedades.

Injusticias particulares:

- No haber conseguido esa oposición después de tanto esfuerzo.

- Esperar que la gente entienda mi dolor.

- No ser premiado cuando al resto sí los están premiando.

Si quisiéramos podríamos llenar dos enciclopedias de injusticias de la vida cotidiana, pero prefiero hablarte de que la vida es maravillosa ante todas estas injusticias.

¿Por qué?

Deja de quejarte de que la vida es injusta. ¡Ya lo sabemos!

Más que quejarte de que la vida es injusta, lo que realmente está en tu mano es promover la justicia.

¿Que hay desigualdad? ¡Promueve la igualdad! ¿Ves algún ejemplo de discriminación? ¡Promueve la paridad! Pero HAZLO DESDE ¡YA! No te quedes parado ante la injusticia para luego salir con el cuento de la queja. Cuando veas ejemplos en la vida cotidiana, foméntalos, no desde la destrucción, sino desde la construcción.

Si en vez de inculcar los valores de igualdad a nuestros hijos e hijas, lo que hacemos es quejarnos continuamente de la sociedad machista en la que vivimos, ¿qué harán ellos? ¡LO MISMO! Quejarse.

Y, entonces..., la igualdad ¿para cuándo?

Por favor, promovamos la igualdad, la educación y la resolución de problemas encaminados en la justicia.

**«Céntrate en la solución y
no en el problema»**
Anónimo

Aplica esta máxima en todos los aspectos de tu vida, alcanzarás mucho más rápido tus metas.

«Cada problema tiene en sus manos un regalo para ti»
Richard Bach

Un ejemplo que podemos comentar:

¿No has aprobado esa oposición tan complicada? Aquí tienes dos formas de verlo:

1. «¡Qué injusta es la vida, después de tanto esfuerzo, no lo he conseguido! Me podría haber dedicado a otra cosa». Bla, bla, bla. Es la forma de seguir alimentando tu subconsciente de manera negativa. Con la misma actitud en el siguiente examen todavía sacas peor nota.

2. «Vale, he suspendido, sí, pero he aprendido muchísimo. Además de los conocimientos, he aprendido a ser disciplinado, a aumentar mi capacidad de tener paciencia y perseverancia. He mejorado mi control mental. He aprendido a controlar los tiempos en un examen». Y, así, un largo etcétera.

Antes de que me lo digas tú, ya te lo digo yo. SÍ, la segunda opción es mucho más difícil de conseguir. Sí, es verdad. Se requiere un esfuerzo muy importante a nivel mental, pero te aseguro que esa manera de enfocar la vida y SENTIRLA te llevará a lugares que ni TÚ te imaginas, porque cada vez irás viendo cada obstáculo e injusticia como un RETO y no como un problema.

Precisamente, esto será lo que hará que cada vez aprendas más en todos los sentidos y facetas de tu vida.

Te ayudará a saber dirigir tu vida y a no ir como pollo sin cabeza. Cuando te enfrentes a una situación injusta en el trabajo, social o culturalmente, haz de esta una situación más injusta aún. ¿Cómo?

Si crees que mereces más en cualquier situación, ¡revienta la situación de forma positiva!

¿Qué tienes que hacer?

AUMENTAR ESA INJUSTICIA

¿Perdona? ¿Estás loco?

No, no lo estoy. Deja las quejas a un lado y sigue haciendo tu trabajo de forma brillante. Si te discriminan por tener la piel de otro color, por tu condición física o intelectual, demuestra que puedes hacerlo incluso mejor que esa persona que te está discriminando. Si te dicen que no puedes hacer algo, DEMUESTRA CÓMO LO HACES.

Que las injusticias alimenten tus ganas de seguir adelante. No aflojes. No permitas que te hagan débil. Para ello tendrás que esforzarte también en aumentar tu autoestima, pero eso lo veremos más adelante.

> **«Ante la injusticia, no des ni un paso**
> **hacia atrás, ni para coger impulso»**
> Anónimo

Que tu objetivo sea mejorar cada día respecto a ti mismo. Esto hará que, poco a poco, TÚ te pongas en tu lugar.

Ten en cuenta que tu dolor nadie lo siente, tus alegrías nadie las nota y tus tristezas nadie las ve; pero comete un error y mucha gente te criticará.

¿Qué vas a hacer tú?

Coge esas críticas, ponlas en la palma de tu mano dominante, cierra el puño, míralas y di: «Voy a resolver este error y los errores que haga falta para seguir creciendo».

Por supuesto que puedes tener momentos de bajón y llorera, pero que las lágrimas sean tu punto de inflexión. ¡Sécatelas y a por todas! Que las injusticias y las críticas sean ¡tu motor para seguir creciendo! ¡Que te hagan fuerte! Porque en esta vida...

«O ganas o aprendes»
Anónimo

El lado oscuro

Conoce tu YO
más profundo

Creencias limitantes

¿Quién soy?

La vida es sintonía

Sé el mondiador visionario

El amor propio

¿Qué es el éxito?

¿De qué te tienes que ocupar?

Inteligencia (emocional)

¿Qué es el tiempo?

Ser buena persona

La injusticia de la vida

La alegría de la vida

SER BUENA PERSONA REQUIERE ESFUERZO

¿Qué es ser buena persona?
Ejemplos de cualidades y actitudes de buenas personas:

- Saben vivir su propia vida con serenidad, paz y felicidad.

- Sujetan la puerta al que viene detrás.

- Entregan su ayuda sin esperar nada a cambio, incluso cuando saben que las personas a las que ayudan no podrán corresponderles.

- Controlan sus emociones y consiguen no ofender ni a la otra persona ni a ellos mismos.

- Viven en sintonía —más adelante veremos lo que es—.

- Empatizan, desde su interior, con los sentimientos del resto.

- Saben cuál es su propio éxito, se centran en él y tratan de conseguirlo día a día.

- Saben disfrutar de la vida desde su esencia.

- Sueltan emocionalmente aquello que no pueden controlar y aceptar.

- Dejan el mundo mejor de lo que se lo encuentran.

- Superan los obstáculos que les pone la vida.

Cuánto esfuerzo para conseguir todo esto, ¿no? Es simple de entender, pero no es fácil de hacer.

Todas las anteriores son algunas cualidades propias de las buenas personas y todas requieren de un esfuerzo. Si quieres mejorar tu vida interpersonal —contigo mismo— e intrapersonal —con el resto— deberás tener claro que tendrás que **esforzarte**.

¿Qué consigues siendo buena persona?

Logras sentir y entrar en un estado de bienestar personal. Consigues un estado de paz, serenidad y felicidad que compensa infinitamente el esfuerzo que hayas invertido en conseguirlo.

Pero ser buena persona no es solo una cualidad, sino también una actitud. Demostrar actitud en la búsqueda continua de mejorar en todos los aspectos. Sabes que el único rival ¡eres tú mismo!

Que seas de una manera no significa que no puedas mejorar. Cuando te vuelvas a justificar diciendo: «Es que yo soy así», recuerda que puedes ser así y MEJOR. Por lo tanto, te propongo algo: piensa y escribe de qué manera puedes mejorar al menos una de tus cualidades y actitudes y visualízate así por unos momentos. Aquí puedes escribir:

¿No se te ocurre nada? ¿Lo has intentado y has escrito algo? Si no lo has hecho, ¿significa que esto es todo lo que te aprecias para seguir mejorando como persona?

La próxima vez, esfuérzate un poco más y dedícate tiempo, estoy seguro de que algo se te ocurrirá.

Para que te inspires, quiero contarte algunos de los rasgos en los que más necesita mejorar la sociedad actual: habilidades para desarrollar la inteligencia emocional, saber qué significa el éxito para ti y conseguirlo, tener empatía, vivir en sintonía. Si algunos conceptos te suenan a taushiro —la lengua menos hablada del mundo—, es normal. Piensa en algunos de ellos y si te sientes identificado, visualízate mejorándolos. Si no se te ocurre nada, sigue viajando.

¿Cómo conseguir los rasgos para ser mejor persona?

Paso a paso, todos estos aspectos los iremos aprendiendo a lo largo del viaje. Eso sí, de este alto en el camino quédate con:

- Lo que das lo acabarás recibiendo; el tiempo pone a cada uno en su sitio, aunque la vida no sea justa.

- Siendo buena persona acabarás llegando a lo más profundo de tu ser. Dar amor en todas sus facetas.

- Ser buena persona es un camino hacia la felicidad.

«Todo esfuerzo en ser mejor persona compensa con el sentimiento de paz, felicidad y serenidad que se consigue»
Anónimo

El lado oscuro

Conoce tu YO
más profundo

Creencias limitantes

¿Quién soy?

La vida es sintonía

Sé el mondiador visionario

El amor propio

¿Qué es el éxito?

¿De qué te tienes que ocupar?

Inteligencia (emocional)

¿Qué es el tiempo?

Ser buena persona

La injusticia de la vida

La alegría de la vida

¿QUÉ ES EL TIEMPO?

Uno de los conceptos que debemos tener más claros para conocer realmente el sentido de la vida es el tiempo. Se trata de esa magnitud en la que vivimos y que pocas veces nos paramos a pensar en qué es realmente.

Para conocer la esencia del tiempo, empezaremos por distinguir tres fases: pasado, presente y futuro. Ya te adelanto que dos de estos tres estados son totalmente intranscendentes.

Empecemos a reflexionar sobre el pasado:

El pasado abarca todas nuestras vivencias, desde el momento en que nacimos hasta el instante en el que acabas de leer esta oración. Reflexiona sobre tu pasado:

¿Qué ocurre con tu pasado? ¿Te requiere atención? ¿Te absorbe energía? ¿Arrastras miedos de situaciones vividas?

O, por el contrario, ¿recurres a él para recordar los logros alcanzados?

¿Qué sentimientos y emociones recrean tus pensamientos al recordar el pasado? ¿Resentimiento? ¿Ira? ¿Culpa? ¿Dolor? Si se manifiesta alguno de ellos lo único que estás haciendo es reforzar y realimentar un falso sentido de tu propia identidad. Acumulas gran cantidad de lastre en tu mente consciente e inconsciente y pierdes el rumbo de tu subconsciente. Además, recordar este tipo de pensamientos solo te producirá una serie de problemas físicos y psicológicos.

Para comprobar los efectos que recrear el pasado puede tener, ponte en modo observador y descubre a aquellas personas cercanas que tienen tendencia a aferrarse al pasado. Analiza cómo se perturban en el momento presente. Eso sí, no hagas juicios, no critiques. Simplemente trata de aprender desde ese punto de observación cómo mejorar y desvincularte emocionalmente de tu pasado.

El pasado no lo necesitas. En todo caso, puedes permitirte echar la vista atrás para recordar el esfuerzo que pusiste en realizar y conseguir determinados objetivos. Por lo demás, desvincúlate emocionalmente del pasado para sentir y vivir tu momento real, tu presente —más adelante hablaremos de él—.

Seguimos reflexionando. En esta ocasión le ha llegado el turno al futuro.

¿Qué te depara el futuro?

¿Estás tan pendiente del futuro como para estresarte?

¿Tienes momentos de preocupación o ansiedad por determinados sucesos que podrían ocurrir?

Si has respondido que sí a las dos últimas preguntas, debes tener claro que lo que perturba tu interior es la paradoja de estar «aquí» queriendo estar «allí». Es una emoción absurda que deriva de un estado de alerta de nuestro cerebro que nos sugiere un estado emocional sin solución —que muchas personas lo sufran no significa que sea lógico—. Observa tus emociones y aduéñate de ellas. Ten claro que no puedes estar «aquí» viviendo «allí». Estás «aquí» y vives «aquí». Punto.

El típico pensamiento «algún día me llegará…» solo hace que te olvides de tu momento presente y centres tu atención en el futuro. Esto realmente se traduce en: ¿a qué estás esperando para empezar a vivir? Si tienes este pensamiento muy interiorizado, si a menudo centras más tu atención emocional en el futuro y no en el presente, tu momento presente nunca será lo suficientemente bueno para ti. Al final, morirás para empezar a vivir.

A continuación, hablemos de esperar…

¿Sueles esperar en tu día a día? Puede ser en un atasco, en la cola de una tienda, en alguna terminal de embarque, a que alguien llegue… Quizás puede que esperes a tener un mejor trabajo, a tener hijos, a triunfar, a vivir. Esperar no es más que un estado mental de querer estar «allí» cuando estás «aquí». De esta forma estás creando conflictos internos que reducen tu calidad de vida.

¿Qué puedes hacer durante las «esperas»?

¡Obsérvate! Repasa mentalmente los estados de tus emociones ante las distintas situaciones, recopila tus tareas pendientes, haz esa llamada a un ser querido —antes de que sea demasiado tarde—, vive el momento. Tienes que renunciar a la espera como estado mental. Cuando te reconozcas en él, sal inmediatamente y vive tu momento. El único que puedes vivir es el aquí y el ahora.

Puede que pienses que algún día entenderás tu pasado o que este explicará tu futuro, pero no es así. Creerlo no es más que posponer el sentido de la vida. Ten claro que solo te libras del pasado con el momento presente, reconociendo aquí y ahora tus circunstancias como persona. Tu pasado y tu futuro son estados ficticios del tiempo. Debes intentar desvincularte de ellos emocionalmente para embarcarte en el momento más grandioso: tu momento presente.

Sé consciente de que cada momento presente que vives supone una creación. Estás creando tu próximo momento según lo que sientes y piensas.

Haz el ejercicio de reconocer y observar, desde el presente, aquellos momentos del pasado y del futuro que te perturban emocionalmente para cortar el lazo mental. Con esta práctica alcanzarás el máximo rendimiento en tu momento presente.

Acabas de descubrir un elixir de la vida: la toma de consciencia del tiempo. Aplícalo de forma paulatina en tu vida y notarás un cambio muy valioso.

Hay personas que viven sus propios éxitos de un modo desenfrenado, mientras que otras lo hacen lentamente. Unas parece que de tantos éxitos que consiguen van un paso por delante de nosotros y otras, que van detrás. La realidad es que cada uno está viviendo su propio viaje —cada persona es única—.

No envidies a los que crees que van delante ni desprecies a los que parece que van detrás. Cada uno es único y vive su propio tiempo.

Así que respira, relájate. Todos los que te rodean están viviendo su propia vida, no has llegado tarde, tampoco temprano. Vive tu tiempo y céntrate en lo que para ti es el éxito.

Ahora que tienes tiempo por delante, aprovéchalo y disfrútalo. Hazlo como forma de vida, para que cuando te llegue la muerte la abraces y digas: «¡Aquí estoy! Traté de ser mejor persona cada día, conmigo y con mi entorno; ayudé cuando el resto lo necesitaba y me dejé ayudar cuando yo lo necesitaba, y, sobre todo, traté incansablemente de dejar el mundo mejor de lo que lo encontré. ¡Lo di TODO!».

Grábate esta frase:

«La vida es la suma de las circunstancias que vivimos en cada momento presente»
Alberto Peña

La vida también es tiempo, si no controlas tu tiempo, no controlas tu vida.

Un aspecto importantísimo es que planifiques tu tiempo. Cuanto más planifiques tu tiempo, tendrás más control de tu vida y más poder para dirigirla hacia dónde tú quieras.

La vida es una sucesión de hábitos, y cada hábito suma o resta, como todo. Por tanto, tendrás que trabajar en aquellos hábitos que te aportan y evitar los que te apartan del camino por el que realmente quieres que transcurra tu vida.

Si has entendido lo que es en realidad el tiempo, ya has dado un paso de gigante en conocer el sentido de la vida. El concepto del tiempo es profundo y aludiremos a él en las siguientes paradas del viaje.

«Solo existen dos días en el año en que no se puede hacer nada. Uno se llama ayer y otro mañana»
Dalai Lama

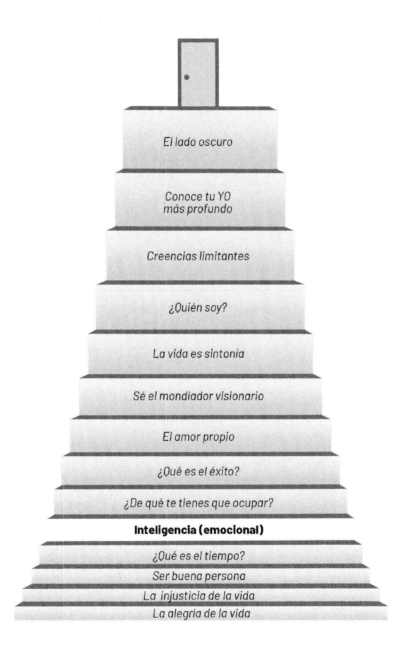

El lado oscuro

Conoce tu YO
más profundo

Creencias limitantes

¿Quién soy?

La vida es sintonía

Sé el mondiador visionario

El amor propio

¿Qué es el éxito?

¿De qué te tienes que ocupar?

Inteligencia (emocional)

¿Qué es el tiempo?

Ser buena persona

La injusticia de la vida

La alegría de la vida

LA INTELIGENCIA (EMOCIONAL)

Siguiendo con conceptos superficiales, nos adentramos a continuación en la inteligencia. Empezaremos entendiendo el concepto y seguiremos viendo cómo nos influye y cómo desarrollarla.

Empezaremos contestando a esta pregunta: ¿qué es la inteligencia?

La inteligencia es la HABILIDAD de resolver problemas o elaborar productos que son importantes en un contexto.

Lo remarco, es una HABILIDAD, y las habilidades se pueden aprender. Por tanto, puedes aprender a desarrollar tu inteligencia. Otra cosa muy distinta es que a tu subconsciente no le interese porque se rige mediante la ley del mínimo esfuerzo o tengas grabadas ciertas creencias limitantes que te impiden CREER que puedes conseguirlo.

Podemos distinguir, según las teorías de Howard Gardner, los siguientes tipos de inteligencias:

- Lingüística: habilidad de dominar el lenguaje y de comunicarnos con el resto —oralmente, mediante gestos, escritos, comunicación no verbal, etc.—.

- Lógico-matemática: habilidad para el razonamiento lógico y la resolución de problemas matemáticos.

- Espacial: habilidad de poder observar el mundo desde diferentes perspectivas, tener visión espacial y claridad en las imágenes mentales.

- Musical: habilidad de entender y componer piezas musicales.

- Corporal y cinestésica: habilidad de utilizar el propio cuerpo para el desarrollo de actividades. Por ejemplo, deportistas, cirujanos, actores, etc.

- Naturalista: habilidad de detectar los cambios vinculados con la naturaleza, con el clima y la geografía.

- Intrapersonal: habilidad de desarrollarnos y comprendernos internamente —esta inteligencia la has empezado a desarrollar cuando has iniciado este viaje—.

- Interpersonal: habilidad para empatizar con el resto de las personas. Permite interpretar las palabras y gestos en una conversación, entender los objetivos y metas de un discurso.

- Emocional: habilidad de saber gestionar uno mismo nuestras emociones e impulsos, de saber liderar nuestros estados de ánimo.

Cada uno tenemos unas habilidades más fortalecidas que otras. Somos la mezcla de cada nivel de habilidad que tengamos dentro de nuestro entorno social y espaciotemporal. Podemos tener algunas habilidades más desarrolladas que otras personas, aunque esto es una falsa comparación, porque nos movemos en entornos sociales, culturales, personales y familiares diferentes. Esto quiere decir que hay infinitas combinaciones, por lo que una vez más volvemos a uno de los puntos de partida: somos únicos —que no se te olvide—.

Ahora bien, ¿cómo te calificarías del 1 al 10 tus habilidades?

	¿Con qué nota te puntúas?
Lingüística	
Lógico-matemática	
Espacial	
Musical	
Corporal y cenestésica	
Intrapersonal	
Interpersonal	
Naturalista	
Emocional	

¡Mal! Si te has puesto nota, mal, pero vas a mejorar. ¿En base a qué te pones nota? ¿Con quién te comparas? El 10 en inteligencia espacial, ¿a quién se lo has dado? ¿A un ingeniero de la NASA? ¿El 10 en lógica-matemática es aquel que ha recibido un premio en matemáticas o aquel que no ha podido acudir a un colegio?

Solo quédate con que tu nota ES TU PUNTO DE PARTIDA ACTUAL. Es decir, ¿en qué aspectos crees y quieres mejorar? Seguro que hay algunos en los que no te interese mejorar. Pero has de saber que en otros aspectos puedes llegar a ser una auténtica proeza de la naturaleza.

Piensa en algún ejemplo de proeza, en algún genio.

No hace falta que sean aquellos ingenieros que mandaron un cohete al espacio ni los grandes deportistas del siglo XXI.

Hay ejemplos de personas que han construido pozos sin saber matemáticas. Personas que se han enfrentado a innumerables desgracias y que, aun así, sonríen a la vida. Personas capaces de llenar un estadio para motivar y dar lecciones de vida a toda la audiencia cuando han nacido con deformidades en el cuerpo.

Entonces… ¿qué es una proeza?

Es ser consciente del punto de partida y saber dónde quiero llegar; esforzarse en ello, conseguirlo y reconocérmelo. Ser consciente de que puedes alcanzar tus sueños y, luego, alcanzarlos.

Hay auténticos genios en la vida diaria, pero el resto no somos conscientes, a veces, ni ellos mismos lo son.

También te digo que una proeza no es conseguir cualquier hito: diferenciemos. Proeza es la mejora continua, tratar de ponernos objetivos asequibles para conseguir alcanzar nuestros sueños. Lo veremos en otra parada del viaje.

Volviendo a las inteligencias, habrá algunas que se te den mejor que otras porque te gusten más y tendrás mejores aptitudes. Además, hay otras variables: el entorno, la familia, el trabajo, nuestros pensamientos y creencias sobre nosotros mismos —esto es lo que más influye—. Pero lo más importante es que sepas que todas ellas las puedes mejorar, aprender y desarrollar. Para percibir la evolución la base es la comparación contigo mismo y la mejora continua —hoy mejor que ayer y mañana mejor que hoy—.

De todas las inteligencias, se podrían escribir muchas enciclopedias, pero nos centraremos en dos específicamente que son las que más conexión tienen con este viaje:

- Intrapersonal: esta inteligencia la has empezado a desarrollar al empezar este viaje. Y, conscientemente, en cada pasito que das, en cada parada, la desarrollarás más aún.

- Emocional: esta inteligencia es aquella que, si la dominas, controlarás tus estados de ánimo. Sabrás controlar aquellos arrebatos con otras personas y contigo mismo y serás capaz de tomar decisiones sin que la angustia y la inseguridad interfieran en ellas.

Como estarás deduciendo, esta inteligencia es una de las más poderosas.

¿Por qué?

Porque tiene relación directa con TODAS las anteriores. Es capaz de potenciarte en el aprendizaje del cálculo lógico-matemático al alcanzar un estado de concentración máxima. Es capaz de destruir relaciones sociales y, peor aún, ¡destruirte a ti mismo!, como consecuencia de pensamientos negativos y creencias limitantes. También te permite disfrutar de cada paso y de cada problema. Puedes ver los problemas como un muro inaccesible o, por el contrario, verlos como un reto y un aprendizaje. Puedes llegar a vivir en un estado de seguridad y confianza en ti mismo de una manera grandiosa.

Todo esto está en tu mente consciente y subconsciente, no en la mente del resto. Te lo repito, está en TU mente y tienes que tener clara una cosa que te voy a repetir dos veces:

Tú puedes dominar tus emociones.

¡SÍ! Eres capaz de conseguirlo, aunque lo veas imposible. SÍ, eres capaz. Aunque pases por momentos realmente terribles, llenos de nervios y escalofríos, ya sea en el trabajo, con tus compañeros y tus jefes, con tus relaciones de pareja, con tu familia, contigo mismo. SÍ, ERES CAPAZ DE DOMINAR TODAS ESAS EMOCIONES QUE TE BLOQUEAN EN TANTAS SITUACIONES. SÍ, LO ERES. ¡MÁS ALTO! SÍ, ERES CAPAZ DE SOBREPONERTE A TODAS LAS SITUACIONES QUE TE INCOMODAN. ¡¡SÍ, LO ERES!! —Que tu subconsciente se lo grabe a fuego porque en este VIAJE ¡VAMOS A POR TODAS!—.

Y, ¿cómo lo haremos?

1. **Sabiendo** que eres capaz de conseguirlo.

2. **Sintiendo** que eres capaz de conseguirlo. Ahora la cosa cambia... es fácil saberlo, pero no es tan fácil sentirlo. Tranquilo, en este viaje poco a poco sabremos cómo.

3. **Encauzando** a tu subconsciente por el camino de la paz mental y la serenidad.

4. Dedicando **esfuerzos** a conseguirlo.

¿Te has quedado igual? Pues sigue viajando. Esfuérzate en conseguir y desarrollar tu inteligencia emocional. Yo te guiaré, tú pon las ganas y el esfuerzo. En esta parada del viaje solo quédate con:

«Esfuérzate en que hoy sea mejor que ayer y mañana mejor que hoy»
Anónimo

«Los pensamientos son los causantes de las emociones. Si aprendes a pensar de forma adecuada, aprenderás a sentir de otra forma»
Rafael Santandreu

El lado oscuro

Conoce tu YO
más profundo

Creencias limitantes

¿Quién soy?

La vida es sintonía

Sé el mondiador visionario

El amor propio

¿Qué es el éxito?

¿De qué te tienes que ocupar?

Inteligencia (emocional)

¿Qué es el tiempo?

Ser buena persona

La injusticia de la vida

La alegría de la vida

¿DE QUÉ TE TIENES QUE OCUPAR?

Hay que entender que no se puede controlar todo.

¿Cuál es tu alcance?

¿Qué puedes llegar a controlar?

Principalmente, lo que puedes llegar a controlar es tu mente y tu interior y cómo responden ante las distintas situaciones a las que te enfrentas en la vida. Nada más. No puedes controlar tu entorno ni las emociones del resto y tampoco los actos de tu entorno. Podrás influir, pero no están en ningún momento bajo tu control. Lo que sí puedes hacer es actuar y comportarte en consecuencia. Por tanto, deja de perder el tiempo en preocuparte —y quejarte— por lo ajeno y pon el foco en tu interior.

Preocuparnos por causas ajenas nos lleva a un estado de alteración y nervios sobre aspectos que no están a nuestro alcance. Nosotros no vamos a poder solucionarlos. La preocupación es un estado de alerta del cuerpo.

Preocupación no es sinónimo de solución.

El exceso de preocupación genera desilusión, apatía, desgana. Todo ello provoca que generes sustancias que te activan y te ponen en alerta, lo que aumenta tu lado más emocional y disminuye el más racional. Es decir, tú mismo estás limitando poder pensar en soluciones ante los distintos problemas.

Por mucho que te preocupes por alguna circunstancia, no la vas a cambiar. Estás alimentando ese mecanismo de supervivencia que tenemos y **no te estás enfocando en la solución**. Estás realimentando el problema, **haciéndolo aún más grande**.

Tanto si la situación a la que te enfrentas tiene solución como si no, **consigue que no perturbe** tu interior.

¿Esto cómo se hace?

Poco a poco, en cada situación estresante que atravieses, trata de tomar consciencia de tus emociones. Si hace falta, tómate tu tiempo, respira profundamente, piensa sobre las emociones y sensaciones que estás teniendo —por ejemplo: miedo, tristeza, nervios, alteración— y trata de relajar ese lado emocional. Serán pocos segundos, pero suficientes para que puedas comprender mejor la situación, calmar las emociones y centrarte más en la solución.

Esta toma de consciencia descrita conlleva un esfuerzo, a veces muy grande, porque te estás enfrentando a la situación y a la vez a tus emociones. Pero de esta forma conseguirás salir de las situaciones de un modo mucho más gentil, buscando y encontrando soluciones más premeditadas, que, en la mayoría de los casos, se convertirán en mejores soluciones.

Esta toma de conciencia sobre tus emociones es lo que realmente está a tu alcance. De esta forma, podrás tener un mayor control mental y desarrollarás la inteligencia emocional.

Otra vía para tener mayor control mental y desarrollar la inteligencia emocional es a través de la meditación; pero con ella nos encontraremos en una parada más adelante de nuestro viaje

Otro aspecto que está a tu alcance es pensar a qué te gustaría dedicar tu vida laboral y personal, tu tiempo, tus aficiones…

Responde a las siguientes preguntas:

¿Qué se te da bien? Es decir, ¿sobre qué tienes buenas aptitudes? y ¿qué te gusta hacer?

Si ambas preguntas tienen la misma respuesta, la contestación a la siguiente pregunta deberá ir encaminada en la misma dirección.

¿Cómo te gustaría verte en 5, 10, 25 años?

Si no la tienen, no pasa nada. Pronto descubrirás que puedes recorrer otros caminos cuando encuentres el propósito de tu vida. Lo veremos más adelante.

Aunque son preguntas muy sencillas, no dedicamos ni un tiempo breve a pensarlas. Este ejercicio de pensar hacia dónde queremos dirigir nuestra vida nos permite poner un rumbo, tener aspiraciones e ilusiones sobre nuestra vida. De esta forma ponemos rumbo a nuestro subconsciente en la dirección que realmente queremos poner. Ello no quita, por supuesto, que tengamos obstáculos y dificultades para conseguir nuestros logros; pero el camino se hace andando poco a poco.

Eso sí, lo que decidas hacer y a lo que aspirar, asegúrate que te haga feliz, te aporte serenidad y gratitud.

Este pequeño diagrama, que puedes aplicar a todo lo que quieras, también te puede ayudar a clarificarte.

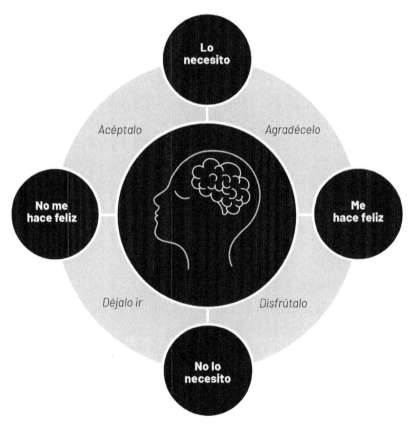

Lo que no está a tu alcance, no existe, déjalo ir.

Entonces… ¿sobre qué tienes buenas aptitudes? y ¿qué te gusta hacer?

A partir de ahora,

Yo no me preocupo, me ocupo de mi auténtica felicidad.

Pero... ¿qué es la felicidad?

Analicemos qué es la felicidad desde el punto de vista de la ciencia. Según los estudios de la Prof. Laurie Santos, de la Universidad de Yale, la felicidad se puede comprender desde dos aspectos distintos:

- Lado emocional: comprende las emociones positivas, en las cuales no hay tristeza, ni rabia, ni orgullo.

- Lado cognitivo: desde el concepto del conocimiento, ¿qué es para ti la felicidad?, ¿cómo de satisfecho estás con tu vida?

Las investigaciones sobre qué es la felicidad se han basado en el siguiente estudio:

- Se han cogido grupos demográficos distintos, tanto de personas felices como personas infelices.

- Se ha observado que en las personas felices se repiten ciertos aspectos y actitudes.

- Una de las claves del estudio fue que se animó a las personas infelices a interiorizar y desarrollar estos aspectos y cualidades, y se demostró que empezaron a ser más felices.

Los patrones y actitudes de la felicidad, según la ciencia, son los siguientes:

Dedicar tiempo a socializar: los estudios demuestran que las personas que invierten tiempo en disfrutar con el resto de las personas son más felices. Rodéate de «personas vitaminas», aquellas que te potencien y te hagan alcanzar tu propósito en la vida, y apártate de las personas tóxicas que te absorben la energía y cambian tu vitalidad.

Tener consciencia: implica tener consciencia del tiempo, del presente. Pasamos mucho tiempo —más de la mitad— pensando en aspectos que no pertenecen al presente. Por ejemplo, cuando te duchas, ¿piensas en disfrutar de la ducha? ¿o estás en modo automático pensando en tus ideas? Es decir, nos olvidamos del aquí y ahora, de disfrutar del momento presente. Esto se mejora con la meditación, con la que, poco a poco, tomas consciencia de vivir el momento actual.

Hábitos saludables de ejercicio y sueño: con el ajetreo del día a día, procrastinamos el ejercicio y dormimos peor. El ejercicio físico mejora tanto tu salud física como tu salud mental. Además, incrementar las horas y la calidad del sueño está directamente relacionado con la felicidad y la salud mental.

<u>Poder de la gratitud:</u> pensamos que la felicidad procede del exterior y la ciencia ha demostrado que la felicidad viene de valorar realmente lo que tenemos y a quien tenemos. En vez de pensar qué te hace falta para estar bien, piensa y valora qué tienes para estar bien. Pero no solamente lo pienses, párate y siéntelo. Piensa en tres aspectos que hayas valorado hoy y agradezcas, aunque sea con momentos «insignificantes» para ti —como tomarte un café a solas calentito en pleno invierno— disfruta y siente ese momento. Poco a poco, tomando consciencia esa sensación de sentir será cada vez mayor.

<u>Pensar en los demás:</u> la ciencia ha demostrado que la gente más feliz es aquella que invierte tiempo en los demás, que dedica parte de su tiempo a obras benéficas o a voluntariados. Dedicar tiempo a otras personas aparentemente no es algo que nos vaya a hacer felices, pero la ciencia y los estudios demográficos así lo han determinado. De hecho, Liz Dunn, Prof. De la Universidad de British Columbia, demostró que el estudio de ayudar a otras personas traspasa fronteras y culturas, el ocuparte —no preocuparte— de los problemas ajenos es un motor que te ayudará a tus propios problemas. Aprovecha a aportar valor a otras personas, siembra sin importar el resultado. Solo por sembrar obtendrás felicidad.

Y una pregunta interesante será: ¿Y por qué no nacemos con estas ideas para ser felices?

Hay que dejar claro que, de forma innata, tenemos ideas pre-concebidas sobre qué es la felicidad y qué puede hacernos felices. Muchas veces confundimos la felicidad con el placer. Con estas creencias, nos equivocamos e invertimos esfuerzo y tiempo en aspectos que realmente no nos hacen felices.

En este viaje, no se defiende que la felicidad esté exclusivamente en estos aspectos, pero sí te animo a pensarlos y reflexionarlos sobre tu propia vida y trates de mejorarlos.

Otros aspectos importantes desde el punto de vista de la neurociencia son los siguientes:

Tener un propósito: es decir, hacer algo con lo que te sientas realizado, buscar un propósito en la vida. Si lo tienes claro ¡a por él! Si no es así, pronto definiremos nuestro propio propósito en la vida.

El desapego: no siempre más es mejor. A veces, tenemos un fuerte apego en todos los sentidos: a cosas, personas, a la vida, etc. En el momento en que liberamos el aferramiento y la necesidad de control, todo lo que ocurre, ocurre de una manera más tranquila, sin resistencias internas, sin tensiones.

Expresar nuestras emociones: cuando nos ahogamos en el malestar, en los sentimientos negativos y en nuestros problemas nos hundimos emocionalmente. Lo mejor es liberarse de todo aquello que nos pesa.

Explicar y dar voz a nuestras emociones negativas nos ayuda a desahogarnos, a soltar lastre; pero ¡ojo!, explicar nuestras emociones no es lo mismo que quejarse. Solamente exprésalas, no te encariñes con la piedra. Expresar nuestras emociones también te ayuda a socializar y mejorar la comunicación.

«Cualquier cosa parece un poco más pequeña cuando se ha dicho en voz alta»
Hermann Hesse

«Las emociones inexpresadas nunca mueren. Son enterradas vivas y salen más tarde de peores formas»
Sigmund Freud

<u>Con amor:</u> hacia una persona, hacia un ideal o hacia un recuerdo. Con amor se generan sustancias y hormonas de placer. Otra forma de entender qué es la felicidad nos la brinda Marian Rojas: «Vivir instalado en el presente habiendo superado las heridas del pasado y mirando con ilusión hacia el futuro». Es decir, con el amor superaremos las heridas del pasado y con nuestro propósito en la vida miraremos con ilusión hacia el futuro. Más pronto que tarde lo veremos.

Ahora bien, esta parada del viaje no tiene por objetivo que creas que hay que ser feliz continuamente y sonreír siempre. Tenemos que aceptar que las emociones negativas son parte de la vida. No se trata de ser siempre hiperpositivos. Se trata de que cuando te centras en tu propósito tienes que ser consciente de los obstáculos que te encontrarás, de que podrás superarlos para obtener un aprendizaje, de ser y sentirte agradecido de cada cosa que te ocurra.

Otra de las creencias limitantes que solemos tener es que siempre pensamos que la felicidad viene de las circunstancias que nos rodean. Sin embargo, nos olvidamos de que realmente la felicidad emana de nuestra actitud ante dichas circunstancias. Y ¿sabes qué es lo más importante aún? Que esta actitud también se puede aprender.

Las personas tenemos poder de decisión, de fijarnos, ante un acontecimiento, en lo bueno o en lo malo. El problema es que no nos enseñan a utilizar este poder o, mejor dicho, este superpoder.

Cuando aprendemos que es elección nuestra ser positivos y tratamos de ver el lado más dulce y menos ácido de nuestras circunstancias, la vida cambiará para siempre. Tendremos menos dolor, menor sufrimiento y más amor por todo.

El lado oscuro

Conoce tu YO
más profundo

Creencias limitantes

¿Quién soy?

La vida es sintonía

Sé el mondiador visionario

El amor propio

¿Qué es el éxito?

¿De qué te tienes que ocupar?

Inteligencia (emocional)

¿Qué es el tiempo?

Ser buena persona

La injusticia de la vida

La alegría de la vida

¿QUÉ ES EL ÉXITO Y CUÁL ES SU CLAVE?

El éxito es un concepto aparentemente ambiguo que muchas veces buscamos y algunas veces encontramos.

¿Qué es el éxito? ¿Qué es el éxito para TI?

El éxito es lo que TÚ defines como tal; es decir, aquello que quieres conseguir en la vida, tu propósito, a lo que aspiras, en lo que te quieres convertir como persona tanto profesional, interpersonal —con otras personas— como intrapersonalmente —contigo mismo—.

¿Qué es para ti conseguir un verdadero triunfo? ¡Piénsalo! Aquí puedes escribirlo:

Si para ti el éxito es ser... ¿peluquero?, ¡genial!; ¿profesor?, ¡adelante!; ¿bróker de bolsa?, ¡maravilloso!; ¿banquero?, ¡espléndido!; ¿montar tu huerto en un pueblo en medio del monte?, ¡espectacular!; ¿juez?, ¡grandioso!; ¿padre de familia numerosa?, ¡vamos!; ¿madre soltera?, ¡a por ello!; ¿político?, ¡extraordinario, pero no te corrompas!; ¿montar una ONG?, ¡asombroso!

Además de ello, uno de los requisitos para conseguir el éxito propio en tu vida es aceptarte y aceptar tu entorno tal y como es. ¡¡VAMOS!! ¡¡A POR ELLO!!

Y si no sabes lo que quieres en tu vida, cuando termines este viaje, te aseguro que habrás formado muchas ideas propias y sabrás hacia dónde dirigir tu vida.

Piensa a lo grande...

«Si tus sueños no te dan miedo, entonces no son lo suficientemente grandes»
Ellen Johnson

Conviene remarcarlo, el éxito es lo que TÚ definas como tal y no lo que te definan los demás. Por eso TU ÉXITO solo depende de TI y de nadie más —si consigues el éxito, lo consigues TÚ y si fracasas, fracasas TÚ, pero recuerda cada vez fracasar mejor—.

«El fracaso es una buena oportunidad para empezar de nuevo con más inteligencia»
Henry Ford

Como cada persona es única, lo que para ti es el éxito no tiene por qué serlo para otras personas; al igual que el éxito de un padre o una madre no tiene por qué ser el éxito de su hijo o de su hija. Por eso, enséñale, ayúdale y apóyale para que consiga lo que para él o para ella sea el éxito.

Este diagrama puede clarificar lo que para ti es el éxito:

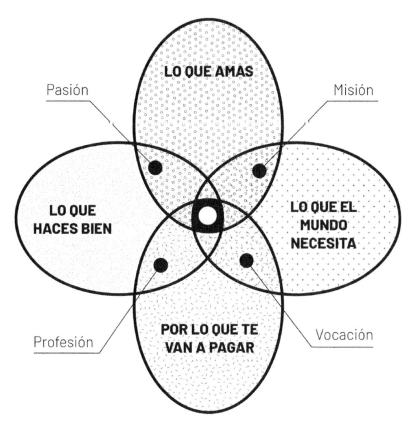

El punto blanco central es tu esencia profunda, tu propósito.

Tu propósito es algo que debes buscar, pero no lo encontrarás si no te esfuerzas. Cuanto más definido tengas tu propósito mayores beneficios conseguirás.

Herramientas que pueden guiarte a conseguir tu propio éxito:

- Analiza tus patrones: recuerda qué te hace feliz a diario. ¿Qué te gusta? ¿Qué no te gusta —y que sigues haciendo—? ¿Qué te llena ahora y cuando eras pequeño? ¿Qué se te da bien? Elige un verbo para definir qué se te da bien: crear, comunicar, liderar, pintar, inventar, diseñar, destruir, enseñar…

- Mira en tu interior: imagina que te abres el pecho y miras dentro. Busca en tu interior, reflexiona sobre tu actitud ante la vida y las emociones que tienes. Y, más importante aún, no permitas que nadie mire por ti.

- Encuentra problemas: sí, así es, pero en aquellas cosas que te hacen feliz y se te dan bien. Encuentra problemas a los que TÚ darás una solución.

- Céntrate en lo importante: encuentra en tu propósito algo que merezca realmente la pena en cualquier sentido. No tengas miedo de pensar a lo grande.

- Identifica claramente cuál no es tu propósito: de esta forma sabrás con mayor certeza qué es lo que no quieres en tu vida y te quitará dudas sobre tu verdadero propósito.

¿Qué toca ahora? ¡Exacto! Que definas tu propio ÉXITO —al menos pon una referencia—:

Interpersonalmente: ¿En qué persona te quieres convertir de cara al resto?

Intrapersonalmente: ¿En qué te quieres convertir contigo mismo?

Profesionalmente: ¿A qué te quieres dedicar?

Ahora, cierra los ojos, imagínate y visualízate como si hubieras alcanzado el éxito.

V

I

S

U

A

L

Í

Z

A

T

E

¡No caigas en el error de pensar que solo por visualizarte lo conseguirás! ¡Ya sabemos que no! Pero... EMPEZARÁS A ENCAUZAR TU SUBCONSCIENTE EN ESE SENTIDO Y A EMPEZAR EL CAMINO.

Así que, de nuevo, ¡VISUALÍZATE, PIÉNSALO, SIENTE QUE LO ESTÁS CONSIGUIENDO! ¡VÍVELO! ¡HAZLO!

Sí lo has hecho, —aunque no lo sepas— ya has empezado el camino de conseguir tu éxito. Si tratas de tener como hábito la visualización de alcanzar tu éxito, conseguirás redirigir gran cantidad de la información que gestiona tu subconsciente —aquel que gestiona el 95 % de tu cerebro— tendrás una mente positiva, una mentalidad enfocada en TU éxito, mayor seguridad en ti mismo, una mente que te ayudará a conseguirlo, aunque, por supuesto, tendrás que esforzarte.

¿Cuáles son las claves del éxito?

1. Ya lo has aprendido, la visualización positiva. ¡Ojo!, no te visualizarás y te SENTIRÁS poderoso de la noche a la mañana, logrando tus metas de inmediato. ¡No te engañes! Sí vas a conseguirlo, pero poco a poco y paso a paso, cada día un poquito mejor. Con las imágenes cada vez más nítidas en la mente y con una sonrisa en la cara, empezarás poco a poco con el resto de los sentidos: a oler el ambiente, a oír los aplausos de tu alrededor y te irás metiendo en TU película. Pero a ti eso te debería dar igual. Tú solo te quedas con esa sensación de satisfacción de haberlo conseguido. DE SENTIRLO ASÍ.

   Crea tu propia película del éxito.

2. Ninguna obra maestra creada por el ser humano se ha realizado en dos días —el Taj Mahal, la Gran Muralla China, las pirámides de Egipto, el desarrollo de la nanotecnología, etc.—. Entonces, ¿crees que conseguir tu éxito, que es la proeza más grande y maravillosa que puedes lograr en tu vida, lo harás en dos días? No, querido viajero, si así fuera, qué aburrido sería esto.

Lo lograrás de la siguiente manera:

1. Fija objetivos que te lleven a alcanzar tu propósito.

2. Los objetivos, en la medida de lo posible, deben seguir la regla MARTE (Medibles, Alcanzables, Retadores, Temporales y Específicos).

   Medible. ¿En qué grado hemos alcanzado el objetivo?

   Alcanzable. ¿Hemos fijado un objetivo realista?

   Retador. ¿Es un objetivo motivador y ambicioso?

   Temporal. ¿Cuándo esperas haber alcanzado el objetivo?

   Específico. ¿Puedes describir tu objetivo de forma breve y concreta?

3. Fijarás tareas para conseguir estos objetivos. Empieza por lo general y luego establece tareas más concretas. Del largo plazo al corto y medio plazo, establece tareas concretas para objetivos concretos que te llevarán a alcanzar tu éxito.

4. Una vez definidas las tareas, establece las ventajas e inconvenientes de realizarlas.

5. Tienes que ser consciente de que tu propósito, tus objetivos y tus tareas son todos tuyos. No te apartes del camino porque otras personas tengan puntos de vista distintos o

afloren sensaciones de vergüenza, apatía, pereza, miedos, nervios, etc.

6. Identifica las barreras que te encontrarás en el camino y en todos los niveles.

   Es decir, para conseguir y alcanzar tu propósito en la vida, tendrás que dejar de hacer aquellas cosas que actualmente te impiden o te frenan para alcanzar el éxito. Más aún, habrá personas que te aporten y te impulsen y otras que deberás apartar de tu camino —desde la asertividad—. Tendrás que hacer el esfuerzo de reconocer e identificar dichas barreras y cómo superarlas. Incluso barreras del pasado, veremos más adelante cómo superarlas.

7. Revisa periódicamente que las tareas que estás realizando cumplen con los objetivos definidos y que además estás en el camino de conseguir tu propio éxito.

Pongamos un ejemplo muy sencillo y visible.

Has ido al médico y te acaban de decir que no tienes buena salud. Tienes el colesterol alto, algo de sobrepeso y, además, fumas.

Pongamos que tu propósito es conseguir un estilo de vida saludable.

1. Visualízate sano, fuerte, vigoroso, con energía, con una luz brillante que emana de tu interior.

2. Objetivos definidos:

☐ Hacer ejercicio regularmente: 3 veces por semana.

☐ Comer comida saludable: 6 veces por semana.

☐ Dejar de fumar en 6 meses.

3. Tareas a realizar para conseguir los objetivos:

☐ Apuntarte al gimnasio la semana que viene y empezar a ir 2 veces por semana. Si te cuesta mucho esfuerzo, te apuntarás a alguna actividad que te obligue a ir a unos determinados horarios.

☐ Contactar con un nutricionista que establezca una dieta saludable y acorde con los objetivos.

☐ Reducir X cigarros en el periodo de trabajo.

4. Ventajas e inconvenientes.

☐ Sobre ir al gimnasio, inconvenientes: tendrás que planificarte mejor para conseguir ir dos veces a la semana al gimnasio y definir qué tareas dejarás de hacer para ir a hacer deporte. Ventajas: Hacer deporte te hará sentirte más energético.

☐ Sobre la dieta, inconvenientes: tendrás que empezar a preparar la comida en casa por las noches para llevarla al trabajo. Ventajas: sensación de superación personal y de estar consiguiendo lo que para ti es el éxito.

- ☐ Inconvenientes de dejar de fumar: Tendrás que mentalizarte para no fumar en los momentos de estrés en el trabajo y superar la ansiedad sin el tabaco. Ventajas: sensación de seguridad y superación. Te motivarás y hablarás de forma positiva. ¿El tabaco me doblega o lo doblego yo a él?

5. ¿Es realmente tu propósito? Vendrá alguien a decirte que:

- ☐ Correr es de cobardes.

- ☐ Que por desayunar unas madalenas una vez al año no pasa nada; sin embargo, es su desayuno diario.

- ☐ Y sobre el tabaco te dirán: «De algo hay que morir».

Tienen razón, ese es su punto de vista de la mediocridad. No trates de corregirles, cada uno vivimos como queremos.

Entonces, en este ejemplo, ¿cuál es la clave del éxito?

Que vayas a hacer deporte con ganas, con ilusión y motivación. No pongas el foco en tu objetivo a largo plazo, aspira a él. Pon el foco en hacer los ejercicios del día y lo mejor posible, olvídate del resto de cosas cuando estés haciendo deporte y céntrate en ello. ¡Dalo todo! ¡Entrena duro!

¿La dieta? Prepárate esas ricas comidas que te recomienda el nutricionista —valora que tienes comida—, descubre los nuevos sabores a los que no estés acostumbrado y experimenta con nuevas recetas. Dale caña a tu creatividad. Nútrete y siéntete nutrido.

¿Descansar? Planifica tus horas, no vivas con el tiempo justo. Relájate y descansa física y mentalmente. Tómate tu espacio de paz y ¡VÍVELO!

En cuanto al tabaco, que empiece a ver quién va a mandar en esta guerra. De cada paquete que compres, parte un cigarro con los dedos.

En definitiva, ¡vive cada pasito que des!

Y tu subconsciente, ¿qué va a hacer? Aferrarse a la ley del mínimo esfuerzo. Los pensamientos negativos, la pereza y la agonía vendrán, pensarás que tu objetivo está muy lejos. Pero ¿tú que le vas a contestar? ¡QUE NO! ¡Eso es lo fácil! ¡LO QUE TU PROGRAMACIÓN BIOLÓGICA QUIERE! ¡PUES NO! ¡ALCANZARÁS CADA PASO! Repítete esta idea: «¡Tendré pensamientos negativos y con esos mismos pensamientos negativos seguiré dando pasitos hacia delante; aun así, ¡me enfocaré en los beneficios que voy a conseguir!». ¡CON GANAS! ¡CON ILUSIÓN! ¡CON PACIENCIA! ¡CON PERSEVERANCIA! ¡CON GARRA!

Cuando te vengan pensamientos negativos, que forman parte de la vida, recuerda:

El tiempo no vuelve, aprovéchalo y consigue tus sueños.

Ahora sustituye el ejemplo por otro que sea para ti el éxito. Puede ser aprender un idioma, conseguir un trabajo, formar una familia; en definitiva, CONSEGUIR TU PROPIO ÉXITO.

Recuerda, la clave es ir paso a paso y que cada paso sea firme, con seguridad y con amor propio —concepto muy importante que veremos en la siguiente parada de nuestro viaje—. De esta forma, conseguirás llegar adonde te lleve tu imaginación. Podrás hacer tus sueños realidad. Por supuesto, tendrás que esforzarte de acuerdo a tus objetivos, pero nunca dejes de avanzar a por ellos. Si no los consigues, habrá otros objetivos que te irá poniendo la vida. La vida es continuo cambio, podrás cambiar de objetivos, pero no cambies de actitud. No dejes de perseguir tus sueños, por favor, que nunca se te olvide:

**«El cementerio está lleno de soñadores que
ni intentaron cumplir sus sueños»**
Alberto Peña

**«Solo una cosa convierte en imposible un sueño:
el miedo a fracasar»**
Paulo Coelho

EL AMOR PROPIO

Estamos en el ecuador de la escalera. Ya hemos ascendido la mitad del tramo. Los siguientes escalones van a requerir un poco más de esfuerzo, pero no olvides que tú también serás cada vez más fuerte. El objetivo no es llegar a la cima, es vivir cada escalón.

Por cierto, no te creas nada de lo que te explico sin antes ponerlo en práctica y comprobarlo por ti mismo. El salto de madurez emocional será aún más grande.

Empecemos por señalar qué NO es el amor propio. Hay dos extremos, el egoísmo y el autodesprecio.

Un egoísta es el centro de todo, de sus relaciones sociales, laborales, interpersonales e intrapersonales y solo se guía por sus propios intereses emocionales; es decir, por lo que piden las emociones y no los razonamientos.

En el **autodesprecio** aparecen otro tipo de estados mentales, como apatía, desgana, pereza, creencias limitantes; nos afligimos y nos olvidamos de nosotros mismos.

Entendamos que el autodesprecio y el egoísmo no cuestan ningún esfuerzo conseguirlos. Estos estados se alcanzan dando rienda suelta a las emociones, sin pararse a pensar en ellas, en los propios actos ni en sus consecuencias, sin autocrítica. Al fin y al cabo, son emociones negativas que forman parte de la vida y que está en nuestra mano aprender a gestionar.

Por último, entra en escena el amor propio, pero el **amor propio** en estado puro. El amor propio es la cima de la montaña a la que tenemos que llegar.

¿Qué es el amor propio?

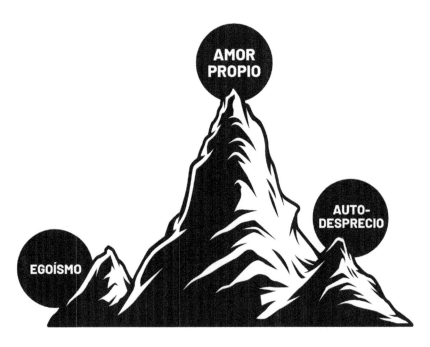

El amor propio es lograr satisfacer las necesidades básicas que te permiten vivir con serenidad y paz interior.

¿Disculpa?

Sí, lo explicaremos con más detalle. Por una parte, son todas aquellas acciones que te permiten vivir con tranquilidad. Ejemplos de ello son planificar tu tiempo —y tu vida— para conseguir lo que para ti es el éxito y buscar el espacio que necesites para aprender a alcanzarlo. Por otra parte, para conseguir el amor propio necesitarás trabajar para controlar tus emociones y conseguir la estabilidad entre la autoestima y la aceptación personal. Necesitarás cuidarte desde el razonamiento, es decir, hacer deporte y buscar el bienestar, la meditación —muy importante— y todos aquellos aspectos que te acercan a tu paz interior y tu serenidad. Es muy importante interiorizar estos aspectos y que los conviertas en hábitos.

Acciones del tipo comer con ansiedad, derrochar el dinero, permitir que las personas ajenas perturben tu paz interior solo constatan que te estás MATANDO EN VIDA. Este tipo de acciones te llevarán a un futuro peor y más oscuro.

Con estas acciones estás invirtiendo en aspectos negativos que a la larga te van a perjudicar. Por ejemplo, el hecho de actuar con ansiedad hará que tomes malas decisiones y tu objetivo no es luchar contra esa ansiedad. Tu objetivo será tomar otro camino para evitar la ansiedad. Y, si no pruebas otro camino, seguirás teniendo ansiedad; es decir:

Si sigues haciendo lo mismo, ¿qué conseguirás?
LO MISMO.

Pon el foco en el amor propio: ¿a que es verdad que cuando amas a alguien lo ves más guapo, inteligente, capaz y más de todo? Pues empieza a amarte, de verdad, y luego me cuentas qué tal te ves.

En nuestro interior tenemos dos lobos.

Por un lado, está el lobo que tienes a la vuelta de la esquina, que está muy cerca. Este lobo es agresivo, tiene odio y celos. Este lobo se desprecia, es orgulloso, ácido, oscuro. No tiene serenidad ni paz interior, está inseguro de sí mismo, no tiene amor propio.

Por otra parte, está el lobo que se esforzó y está en lo alto de la montaña; el que es bueno y alegre. Ese lobo, allí en lo alto, posee mucha luz, simpatía y generosidad. Es un lobo campeón de verdad, esbelto, sereno, con plenitud, que tiene amor y seguridad para poder con todo lo que se ponga por delante.

¿Cuál de los dos lobos gana?

¡El que TÚ alimentes!

Estos dos lobos siempre van a estar presentes, y en tu mano estará alimentar a uno o a otro.

Y, por supuesto, tienes que saber que la única persona responsable de ello eres TÚ.

Patricia Rodríguez (Patri.ro_tattoo)

Estamos aprendiendo que, para alcanzar el amor propio, necesitamos realizar un esfuerzo y así evitar dar rienda suelta a las emociones. Esto se debe a que —no nos podemos olvidar— estamos programados biológicamente para responder a nuestros instintos y nuestras emociones antes que a nuestros pensamientos racionales. Cuanto más controlemos las emociones, más dueños seremos de nuestras acciones, más amor propio estaremos generando y más estaremos avanzando en:

- Conocer cuáles son nuestros sueños y conseguir que se conviertan en metas.

- Saber que la opinión que tenemos sobre nosotros mismos está por encima de las opiniones que cualquier persona tenga sobre nosotros.

- Tener amor por los que nos rodean, una persona llena de amor sabe que: «El odio no se cura con más odio, se cura con amor» —Buda—. Si no amamos a las personas de nuestro alrededor, no nos amamos a nosotros mismos.

- Aprender a establecer límites —no a nuestro alrededor, sino a nosotros mismos— para no tener que soportar degradaciones ni adulaciones, para no soportar situaciones incómodas, establece límites a las conversaciones y situaciones agrias y tóxicas desde la asertividad. ¡La vida es maravillosa para tener que aguantar esto! Por eso mismo, no pongas límites al resto, póntelos a ti. Sé asertivo.

- Tener hábitos saludables y abarcar todos los aspectos, tanto físicos como mentales. Tener una vida activa.

- Aceptar aquello que no puede ser cambiado y que no está bajo nuestro control. Si luchamos contra el comportamiento de otras personas o dependemos del control de terceros, estamos alimentado al lobo agresivo que nos espera cada vez con más hambre, ¡no lo permitas! Acepta a tu entorno tal y cómo es.

Por este motivo, tu búsqueda incansable e insaciable irá encaminada a esforzarte en buscar aquellos hábitos y situaciones que te aporten bienestar, serenidad y que te generen amor propio.

El depósito de amor propio se va agotando día a día y por eso NUNCA tienes que dejar de llenarlo.

Esfuérzate y alimenta al lobo que está en lo alto de la cima.

EN BUSCA DEL AMOR

En primer lugar, no necesitas nada ni nadie para encontrar el amor verdadero, solo te necesitas a TI. El amor no solo está en la pareja, hay que aprender otros tipos de enamoramiento. El amor se muestra en múltiples facetas: amor a los padres, hijos, familia, mascotas, por la naturaleza, profesión... También sentimos amor por el resto de las personas que no queremos que sufran, y a las que tratamos de aportar nuestro granito de arena para transmitir, al menos, una gota de felicidad.

Para conseguir todo ese amor, primero te tienes que enamorar de ti mismo y enfocar tu vida en la búsqueda de serenidad, plenitud y felicidad, profundizando en tu amor propio día a día.

Tener amor propio es un proceso en el que tienes que trabajar día a día y tomarlo como filosofía de vida y paso a paso. Trabajando con perseverancia y paciencia, lo alcanzarás:

«El hábito hace al maestro»
Anónimo

Responde: ¿Qué límites debo establecer que otras personas sobrepasan regularmente y me hacen infeliz?

¿Qué tengo que aceptar que está fuera de mi control y que no puedo cambiar?

Trabaja y esfuérzate en conseguir tu amor propio y recuerda:

«El odio no se cura con más odio, se cura con amor»
Buda

«El amor propio no es pasar por alto tus defectos. El amor propio es expandir tu conciencia para incluir tus defectos y tus puntos débiles»
Vironika Tugaleva

El lado oscuro

Conoce tu YO
más profundo

Creencias limitantes

¿Quién soy?

La vida es sintonía

Sé el mondiador visionario

El amor propio

¿Qué es el éxito?

¿De qué te tienes que ocupar?

Inteligencia (emocional)

¿Qué es el tiempo?

Ser buena persona

La injusticia de la vida

La alegría de la vida

SÉ EL MONDIADOR VISIONARIO

Ha llegado el momento de ir adentrándonos en preguntas cada vez más profundas.

¿Qué te depara el futuro?

Lo que recoges en el futuro es lo que siembras en el presente, y la cosecha no siempre tiene por qué ser buena.

Tus ACCIONES del presente son lo que principalmente definirá tu futuro. Tus acciones son el resultado de tus pensamientos, actitud, enfoque y hábitos. Además, ten en cuenta que habrá factores externos que te irán condicionando. Es importante saber que te encontrarás piedras en el camino, pero…

- No pienses en la piedra antes de tenerla.

- No te encariñes con la piedra.

«Cuando lleguemos a ese puente, lo cruzaremos»
Francisco Veredas

Hasta entonces, enfócate en lo que está a tu alcance; es decir, tus hábitos, pensamientos, actitud, ACCIONES del presente para que puedan dar los mejores frutos posibles en el futuro.

Piensa qué puedes hacer en el presente —y hazlo— para mejorar tu futuro. Aunque te equivoques, habrás aprendido una lección.

Los grandes genios han fracasado muchas veces. No tengas miedo al fracaso, ten miedo a no intentarlo.

No te enfoques en las posibles piedras del futuro, las preocupaciones o en los posibles problemas que habrá; no quieras vivir el futuro, porque no puedes.

¿Sabes por qué te preocupas por el futuro?

Porque el subconsciente está en estado de alerta continua ante lo que podrá pasar. Es un mecanismo de defensa y, aunque esté en alerta, tú puedes llegar a controlarlo y dominarlo. Debes saber que puedes conseguir relativizar qué es realmente lo importante y aprender a no preocuparte. Durante el viaje te darás cuenta de que las preocupaciones son una pérdida de tiempo.

¿Sabes por qué no debes preocuparte por el futuro?

Porque al dedicar tiempo y esfuerzo a pensar en el futuro estás dejando de vivir el presente, estás dejando de disfrutar la maravillosa vida del presente. Es decir, estás perdiendo el enfoque sobre cómo mejorar tu vida y te estás enfocando en el posible problema del futuro y no en la solución, que está al alcance de tu mano. Esto te genera un estrés brutal e innecesario.

El 90 % de las cosas por las que nos preocupamos no suceden.

Debes enfocarte en el presente con vistas a futuro. Si no lo haces, estás perdiendo un potencial increíble, ya que podrías enfocar todo tu talento en avanzar en tu día a día.

«El futuro se hace con lo que se crea hoy, no mañana»
Anónimo

Por tanto:

«Trabaja, esfuérzate, siembra, siente, vive tu presente con vistas al futuro para tratar de conseguir tus propios y mejores éxitos»
Anónimo

¿Qué puedes hacer para mejorar tu presente?

Conviértete en mitad monje, mitad gladiador.

MONJE   +   GLADIADOR

Es decir, en un… **MONDIADOR**

¿Por qué tienes que ser mitad monje?

Porque parte de tu vida, pensamientos y esfuerzos tienen que ir encaminados a conseguir la paz mental y el control emocional.

¿Por qué tienes que ser mitad gladiador?

Porque tienes que estar preparado para superar todas las piedras que te encuentres por el camino. Debes ser fuerte, tener coraje, ser valiente, estar preparado para la ~~batalla~~ alegría de la vida.

Y no caigamos en la falsa creencia limitante de que los monjes y los gladiadores son solo masculinos. En el siglo XXI hay verdaderas féminas guerreras, valientes y serenas. A veces ni ellas mismas lo saben; así que, seas quien seas, empieza a eliminar este tipo de creencias limitantes y grábate a fuego:

«Nunca vas a derrotar a quien nunca se rinde»
Anónimo

El mondiador es una persona resiliente. La resiliencia es la habilidad de adaptarse positivamente a situaciones adversas. Siendo resiliente encauzaremos los pensamientos y las emociones que nos encontremos durante nuestra vida. Solo así podremos superar todas aquellas piedras que nos dificultarán el camino.

Esto quiere decir que tienes que estar preparado para lo que venga. Recuerda que la cosecha no siempre es buena.

¿Cómo lo haremos?

Aprendiendo a reaccionar ante las distintas situaciones, a relativizar qué es lo importante en cada situación, a decidir si realmente es necesario que te desgastes en determinadas situaciones, y aprender a tener una visión global. Pongamos ejemplos:

¿Estás discutiendo con tus amigos, pareja, trabajo por algo realmente importante con consecuencias a futuro o es una lucha de egos?

Cuando una persona hace un comentario, ¿realmente son importantes el gesto, las palabras y el tono que está empleando para agrandarlo y añadirle tanta carga negativa?

Lo veremos en nuestra siguiente parada del viaje, en la que descubriremos que la vida es sintonía.

Céntrate en controlar tus emociones y conseguirás tomar mejores decisiones.

Aprender a reaccionar ante las situaciones que vivimos también forma parte de nuestra felicidad y nuestra paz interior.

El lado oscuro

Conoce tu YO
más profundo

Creencias limitantes

¿Quién soy?

La vida es sintonía

Sé el mondiador visionario

El amor propio

¿Qué es el éxito?

¿De qué te tienes que ocupar?

Inteligencia (emocional)

¿Qué es el tiempo?

Ser buena persona

La injusticia de la vida

La alegría de la vida

LA VIDA ES SINTONÍA

En esta parada entenderemos por qué la vida es sintonía. Cuando consigamos interiorizarlo, veremos cómo vivir en una armonía mucho mayor.

¿Qué es la sintonía?

En nuestro ámbito, llamaremos sintonía a estar en la misma frecuencia, en la misma onda, ir en la misma dirección y sentido, con el mismo ritmo.

¿Por qué la vida es sintonía?

Porque lo que dices, piensas y sientes tiene que estar en sintonía.

Y si las tres partes no están en sintonía, te autogenerarás muchos problemas, ¿por qué?

Porque si dices una cosa, piensas otra distinta y acabas sintiendo otra diferente estás creando una serie de conflictos entre tus emociones y tus pensamientos, en algunos casos opuestos, y al final no tienes ni idea de lo que piensas, sientes y ya no sabes ni qué decir.

¿Tú sabes lo que dices? ¿Realmente eres consciente de todo lo que transmites?

Veamos…

Lo que dices no se reduce a las palabras, sino a lo que comunicas; y la comunicación se logra a través de distintas vías. Porque no es lo mismo comunicarte en el trabajo, que con un amigo o con tu pareja; ya sea comunicación escrita u oral, por teléfono o en persona. Es decir, distinguiremos entre comunicación verbal y no verbal.

¿Qué es la comunicación? ¿Qué es lo que comunicamos realmente?

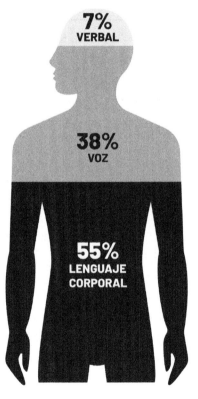

Un estudio de Albert Mehrabian, psicólogo y profesor de la Universidad de California, concluyó en los años 80 la regla 55-38-7.

Según Mehrabian, la comunicación está formada por:

- 7 % las palabras.

- 38 % la voz, la entonación, el volumen.

- 55 % lenguaje no verbal: los gestos, la mirada, la postura.

El significado de las palabras que dices solamente representa un 7 % de la comunicación; en cambio, el resto, el 93 %. ¡Tu comunicación es mucho más que las palabras que articulas! ¿De qué se compone esta comunicación?

- Tu cuerpo. ¿Qué postura tienes? ¿Postura erguida? ¿Transmites sensación de interés o apatía?

- Tu actitud. ¿Gesticulas mucho o no te mueves? ¿Tienes una actitud agresiva, pasiva o asertiva?

- El volumen de tu voz. ¿Alto, bajo, suficiente para que te escuche tu audiencia? ¿Estás con una persona o estás haciendo una presentación ante un tribunal?

- Tu entonación.

A la hora de transmitir un mensaje, es muy importante tanto el contenido como la forma en la que se transmite.

Trabaja tu forma de expresarte, practica frente al espejo; más aún si vas a tener una situación comprometida —una presentación, una entrevista, una defensa de un proyecto, un juicio, etc.—.

He aquí un ejemplo. En cierta ocasión tuve que presentar un plan de negocio a uno de los CEO de la empresa en la que trabajo. Él estaba cuatro puestos por encima de mí. Ensayé la presentación más de 25 veces delante del espejo imaginándome que él era el rostro que veía reflejado. Repetí la presentación hasta ver a un ganador delante de mí. Solo después hice la presentación. Al final, el proyecto no salió adelante en aquel momento; pero, para mí, lo más importante fue sentirme orgulloso de mí mismo y capaz de valorar el aprendizaje que conseguí durante el proceso. Tenía que ser consciente de que la cosecha no siempre es buena, de que mi ocupación (no mi preocupación) era desarrollar el proyecto con los recursos que yo tenía y aceptar todo aquello que no dependiera de mi.

Siguiendo con la comunicación no olvides que:

«La expresión de un rostro es más importante que la ropa que llevas puesta»
Dale Carnegie

Una vez que sabemos lo que realmente comunicamos, ahora hay que añadir lo que pensamos y lo que sentimos.

Los pensamientos los genera directamente tu parte consciente del cerebro y, a veces, tendrás que pararte a analizar qué piensas para no ir en modo automático. Coloquialmente hablando, deberás comprobar si piensas con dos dedos de frente.

Los sentimientos manan de tu subconsciente; pero, ojo, aunque lo que sientas esté gobernado por tu subconsciente, ello no implica que no puedas observarlo.

A veces tienes que detenerte y pensar con calma y objetividad para darte cuenta que no todo lo que te dice tu mente es verdad, ni todo aquello que sientes te conviene.

Ahora bien, como ya sabemos, nuestros pensamientos y emociones están cambiando y evolucionando continuamente. Cuanto más controlemos y conozcamos nuestras emociones, mejor sabremos comportarnos en cada situación, y mejor sabremos comunicar el mensaje que realmente queremos transmitir.

Ahora que ya sabemos todo lo que ocurre cuando nos comunicamos, lo tendremos en cuenta cada vez que nos comuniquemos por cualquier vía.

¿Qué podemos hacer a partir de ahora?

Conocernos y ser autocríticos.

Pensemos brevemente, después de cada interacción y cada comunicación comprometida, ¿cómo nos hemos comunicado? ¿Hemos transmitido el mensaje que realmente queríamos transmitir? Y, lo más importante aún, ¿el receptor ha recibido realmente el mensaje que yo le quería transmitir? Esto es como en la escuela, el maestro no ha enseñado hasta que el alumno no ha aprendido.

Es fundamental tener ese enfoque, pensar en qué nos hemos podido equivocar al transmitir el mensaje y tratar de corregirlo la próxima vez.

Esta autocrítica te hará conseguir dos objetivos fundamentales:

- Aprender a comunicarte cada vez mejor y más eficientemente.

- Conocerte cada vez más a ti mismo.

Ahora bien... ¿qué tal te comunicas contigo mismo?

¿Te hablas de forma agresiva? ¿Tratas de autolimitarte o por el contrario tratas de animarte y potenciarte?

¿Si te tragaras todas tus palabras y pensamientos —o, mejor dicho, toda tu comunicación— beberías veneno o antídoto? Que no se te olvide esta pregunta en una discusión.

Es muy muy importante que nuestro monólogo interior sea positivo y potenciador. A través de nuestro monólogo realimentamos nuestro subconsciente, el cual maneja mucha información. El lengujaje interno —tanto verbal como de pensamientos— es una palanca en el subconsciente que nos llevará a donde nosotros pongamos el rumbo. Por eso, a través de él, podemos ser capaces de crear creencias y falsas ideas que nos impidan dar pasitos hacia nuestro éxito o, por el contrario, podemos sentir una sensación de seguridad y valentía en nosotros mismos jamás contada.

El lenguaje interno positivo se consigue invirtiendo esfuerzos y tomando consciencia a la hora de hablarnos. La próxima vez que cometas un error y te hables a ti mismo, hazte la siguiente pregunta:

¿Te estás echando la bronca, te estás castigando o estás tratando de potenciarte y mejorar para la próxima vez?

Poder comunicarte correctamente y de forma positiva contigo mismo y con tu entorno, te va a abrir muchas puertas. Poco a poco te sentirás más comprendido, podrás comunicar mejor tus ideas y, además, hacer el esfuerzo de comunicarte de forma positiva te permitirá alcanzar más fácilmente tus éxitos y logros.

«Para alcanzar serenidad y felicidad, lo que dices, lo que piensas y lo que sientes tiene que estar alineado y en la misma dirección»
Alberto Peña

Cada vez, estamos profundizando más en nosotros mismos. Las siguientes paradas del viaje serán de forma progresiva un poco más profundas. Esfuérzate en autoconocerte; en conocerte desde un punto de vista externo, sin que nos influyan nuestras emociones y nuestros estados de ánimo.

Haremos un ejercicio de autocrítica sin dolor. Cuando sintamos dolor, dejaremos que fluya. Lo haremos como siempre: paso a paso. En ocasiones, saldrás de tu zona de confort, pero, de verdad, HAZLO. De esta forma, conseguirás avanzar y madurar emocionalmente.

¡A POR ELLO CAMPEÓN/CAMPEONA!

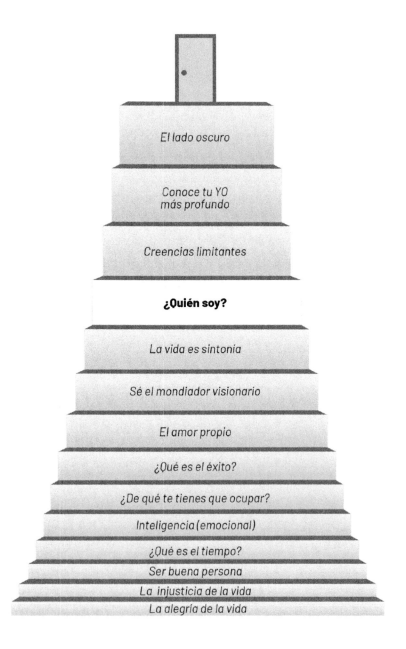

¿QUIÉN SOY?

Para alcanzar el éxito en tu vida, te hace falta avanzar en la dirección que te dirija a conseguir lo que para ti es el éxito.

¿Qué ocurre cuando avanzas en esa dirección? Además de conseguir lo que para ti es el éxito, avanzarás en algo que a ti te satisface. Tu cerebro creará estados de bienestar y autoestima mientras continúes en ese camino.

Este capítulo puede dar un poco de vértigo. Podemos decir que en la vida hay dos tipos de personas: los que dan el salto y el resto. Si no vas a dar el salto cierra el libro, regálaselo a alguien o llévalo a una biblioteca para que otra persona le saque provecho. No sigas por seguir.

¿Has decidido saltar? Coge impulso... ¡Y A TOPE!

Enhorabuena por decidir continuar. A partir de ahora nos adentraremos un poco en nuestro interior, despacio, sin prisa, pero sin pausa.

Es muy importante reflexionar sobre nosotros mismos, por que de las conclusiones que saquemos tendremos más claro dónde estamos y hacia dónde queremos dirigirnos. Esta frase define claramente lo que consigues con el autoconocimiento:

«El que conoce lo exterior es erudito, quien se conoce a sí mismo es más sabio, quien conquista a los demás es poderoso y quien se conquista a sí mismo es INVENCIBLE»
Anónimo

Empezaremos con un cuestionario sencillo:

1. ¿Qué es peor: fallar o no intentarlo? (Pista: Fallarás el 100 % de las cosas que no intentas).

2. ¿Cuál es la primera cosa que cambiarías en tu vida?

3. Si tuvieras solo una oportunidad, ¿qué consejo le darías a un niño?

4. ¿Haces lo que quieres o te conformas con lo que estás haciendo?

5. ¿Qué haces mejor o diferente a los demás?

6. ¿Cuál es la cosa que te hace más feliz?

7. ¿Qué es aquello que te gustaría hacer y no has hecho?

8. ¿Se ha hecho realidad tu temor más grande?

9. Si el mundo se acabase mañana, ¿qué harías hoy?

10. ¿En qué momento de tu vida te has sentido más vivo?

11. ¿Cómo te gustaría que te recordasen en tu funeral?

Seguro que has encontrado reflexiones tuyas a las que no sueles prestar atención. Por otro lado, puede que hayas encontrado respuestas que te abrumen y algunas preguntas de las que no sepas la respuesta. No te preocupes en absoluto, el camino se hace andando y por el simple hecho de haber reflexionado ya has dado un paso en tu desarrollo personal.

A continuación, describirás tus virtudes y tus defectos y luego tratarás que alguna persona cercana también te los describa —es un buen ejercicio hacer la descripción en las dos direcciones, que te describan a ti y describirte tú—; por favor, sin entrar en ninguna batalla de egos, son solo puntos de vista.

¿Cómo te ves tú?

VIRTUDES	DEFECTOS
-	-
-	-
-	-

¿Cómo te ve el resto?

VIRTUDES	DEFECTOS
-	-
-	-
-	-

Este es un buen ejercicio de autoconocimiento para saber si lo que creemos de nosotros mismos coincide con lo que proyectamos y, a su vez, el resto percibe.

A continuación, enumerarás tus pasiones, aquellas acciones que realmente te encanta hacer. Tómate tu tiempo y hazlo.

PASIONES
-
-
-

Otro ejercicio que nos viene muy bien es tener un diario, aunque sea escueto (cuatro o cinco líneas al día). Con una bitácora lograrás conocer cuáles son las emociones que más se repiten en tu día a día. Además, podrás ponerte en modo observador de tus emociones de una manera mucho más sencilla.

En ciertos momentos de tu vida, podrás tener envidia. La envidia es muy inconsciente. No solemos alegrarnos por el bien ajeno o del prójimo porque nos hace reflejo de lo mal que nos va a nosotros y eso nos hace sentir acomplejados. Detecta cuando te pique la envidia.

LA RUEDA DE LA VIDA

Ahora haremos un ejercicio muy sencillo. Son solo 2 pasos y versan sobre la figura de la página siguiente:

1. Tienes que identificar para cada bloque; qué nivel de satisfacción tienes contigo mismo.

2. Una vez que la completes, repítela indicando en cada bloque hasta dónde quieres llegar.

Te animo incluso a que realices cada paso con dos colores distintos.

Ya te puedo adelantar que en ninguno señalarás 0 o 10. ¿Quién pone los límites? Tú mismo, dependiendo de lo exigente que quieras ser y hasta dónde quieras llegar. Te aconsejo completar la rueda de la vida con autocrítica y que guardes los resultados solo para ti, en tu refugio de paz.

Primero debes marcar:

- Tu situación actual.

- Y tus metas.

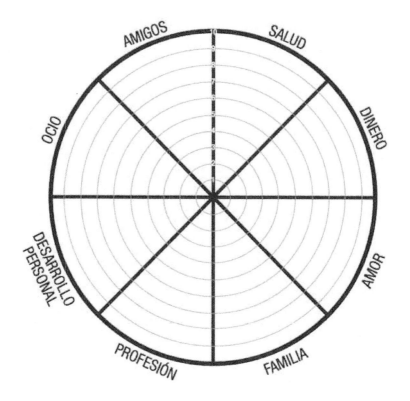

Ahora ya tienes una visión global de tu situación en la vida.

Además, hay un factor común para todos... ¡EL TIEMPO! Tendrás que PRIORIZAR e invertir tiempo en ti y en tus metas. Por tanto, ordena cada categoría de mayor a menor prioridad para ti.

1)

2)

3)

4)

5)

6)

7)

8)

Y ahora, en el orden que has marcado, ¡ya sabes qué dirección tienes que seguir! Tendrás que esforzarte en continuar el camino para lograr tus metas.

En este viaje no te voy a explicar cómo mejorar cada aspecto, ya que el objetivo del viaje es más profundo. Lo que sí haremos es marcar unas pautas que podrás seguir, para que puedas reflexionar y sacar tus propias conclusiones.

1. **DEFINE**. Lo primero que tendrás que hacer es definir tus metas. Defínelas de forma clara y concreta. ¿Qué parte quieres mejorar primero? ¿A qué te quieres dedicar? ¿Quieres ser más sociable? ¿Quieres desarrollarte? Cuanto más concreto lo tengas y visualices, más fácil será de alcanzar.

2. **PRIORIZA**. Pon tus metas en orden, de más importante a menos importante. No pretendas conseguir todas tus metas a la vez, porque así no vas a conseguir ninguna. Así que, ya sabes, ponlas en orden.

3. **ENCUÉNTRATE.** Ahora tienes que ser totalmente autocrítico, averiguar dónde estás y reconocer realmente la distancia que hay entre el punto en el que te encuentras y tu meta —si tienes poco dinero, poca salud, si tienes problemas sociales—; aunque te duela pensarlo y reconocerlo, sé valiente y hazlo desde un punto de vista de la observación —separando el dolor y el ego—. Aunque te remueva por dentro, analízate, y aquello que no te guste, acéptalo; nadie es perfecto. Cada uno somos seres únicos y maravillosos.

4. **EMPIEZA A ANDAR.** Una vez que sabes dónde estás, lo aceptas y tienes claro a dónde quieres llegar, ¿qué tienes que hacer para conseguir tus metas? Tienes que encontrar cómo dar cada paso. infórmate, busca, compara, encuentra, ESFUÉRZATE, pero no lo hagas como una obligación. Debes enfocarte en ver el camino, recorrerlo, DISFRUTARLO, SENTIRLO, ¡VIVIRLO! Ahora ¡SÍ! CON GANAS, CON ILUSIÓN, CON MOTIVACIÓN, CON AFÁN DE SUPERACIÓN. Y si en algún momento flojeas... ¡PUES LO HACES FLOJEANDO, PERO LO HACES!

5. **VERIFICA.** Contrasta si los pasos que estás dando te llevan a alcanzar tus metas. Analiza si avanzas en la dirección correcta y corrige cuando sea necesario.

Lo más importante no es alcanzar tus metas. No vivas pensando en ese logro. El logro real está en VIVIR el camino, en disfrutar del proceso, analizarte, corregirte y VIVIR ESE PROCESO DE TRANSFORMACIÓN.

Sí, ahora te toca hacer este ejercicio, toca esforzarte, dedicar tiempo a conseguir tus propias metas. La vida está diseñada para los valientes, no para los mediocres. En tu mano está realizar el ejercicio o no.

1. Define tus metas:

   -

   -

   -

2. Prioriza:

   -

   -

   -

3. Encuéntrate. ¿Dónde estás?

   -

   -

   -

4. ¿Qué pasos tienes que dar?

-

-

-

5. ¿Estás yendo en la dirección correcta?

-

-

-

Una vez que llegas al paso 5 y vuelves a redefinir tus metas quiere decir que estás en el camino de la mejora continua.

A través de la mejora continua sabrás: dónde estás, dónde quieres llegar, cuánto te falta y qué tienes que hacer para estar donde realmente quieres estar; es decir, para llegar a solucionar el problema o alcanzar tu objetivo.

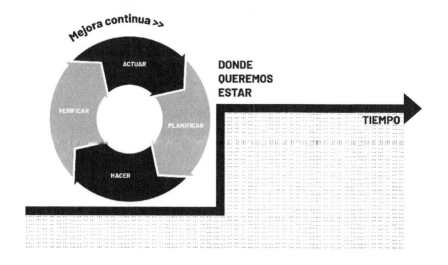

ACTUAR: Tomar acciones para mejorar la situación actual.

PLANIFICAR: Establecer objetivos que faciliten la consecución del propósito.

HACER: Desarrollar nuevos procesos para alcanzar los objetivos planificados.

VERIFICAR: Medir la distancia entre el punto de partida y el objetivo.

De esta manera, irás consiguiendo tus objetivos poco a poco:

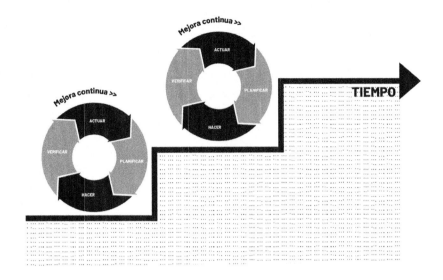

¿Hasta dónde tienes que aplicar la mejora continua?

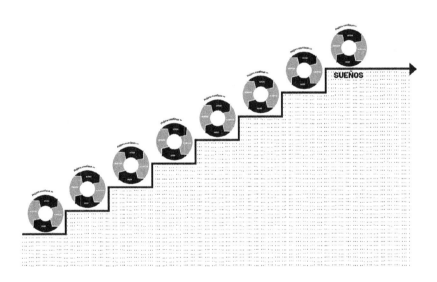

Hasta que TUS SUEÑOS sean TU PUNTO DE PARTIDA.

Realizar este proceso de autoconocimiento ya implica un gran paso en tu desarrollo emocional. Vas por buen camino, sigue adelante con esfuerzo, ganas e ilusión.

¿Experimentas sensaciones que no conocías?

Es normal, estás empezando a sentir la transformación al MONDIADOR O MONDIADORA.

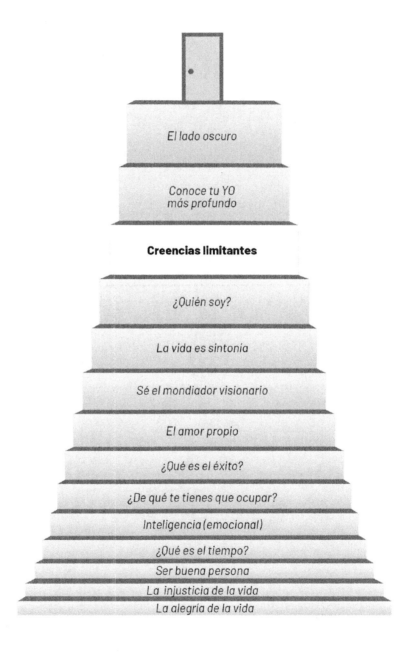

El lado oscuro

Conoce tu YO
más profundo

Creencias limitantes

¿Quién soy?

La vida es sintonía

Sé el mondiador visionario

El amor propio

¿Qué es el éxito?

¿De qué te tienes que ocupar?

Inteligencia (emocional)

¿Qué es el tiempo?

Ser buena persona

La injusticia de la vida

La alegría de la vida

CREENCIAS LIMITANTES

Ya va quedando menos para terminar de subir la escalera y llegar a atravesar la puerta. No pienses que el objetivo es llegar a la cima, el objetivo es disfrutar de cada escalón. En este capítulo exploraremos las creencias limitantes.

Empecemos por precisar ¿qué son las creencias limitantes?

Son aquellas ideas reconocidas como verdaderas. Es decir, las creencias limitantes son aquellas ideas que ya hemos asumido que son verdaderas y que nos impiden avanzar en la dirección en la que se encuentran nuestras metas.

«Tanto si piensas que puedes como si piensas que no puedes, estás en lo cierto»
Henry Ford

Esta frase es muy importante. Si realmente crees que puedes conseguir un objetivo, estás en lo cierto. El hecho de creer que puedes conseguir el objetivo te permite estar enfocado en conseguirlo, en superarlo, dar pasos en esa dirección, fracasar y aprender de los fracasos, caerte, levantarte y seguir

Por el contrario, si crees que no puedes conseguir un objetivo, también estás en lo cierto. El hecho de creer que no puedes conseguir el objetivo te limita, porque consideras que no puedes superarlo, te da miedo consideras que si fallas no vas a poder levantarte, consideras que es demasiado difícil.

IMPORTANTE, LO QUE TE FRENA Y TE LIMITA SON TUS PENSAMIENTOS, NO TUS OBJETIVOS.

Te estás distanciando de conseguir tus objetivos, POR TUS PENSAMIENTOS QUE TE LIMITAN, PORQUE CREES REALMENTE QUE NO PUEDES SUPERARLOS.

Entonces, te pregunto:

¿No estará la solución para conseguir un objetivo en tu actitud, autoestima, motivación y afán de superación?

Si no has contestado tú, ya contesto yo. ¡SÍ! La solución para conseguir tus objetivos es tu motivación, autoestima, actitud y afán de superación, no en el objetivo en sí. Aunque el objetivo sea muy difícil.

Ahora, querido viajero, es el momento de aceptar si tenemos poca autoestima, poca seguridad, si nuestra actitud no es proactiva. De esta forma, sabremos desde qué punto partimos y seremos conscientes de nuestra situación actual, de que el problema no son nuestros objetivos, sino nuestros pensamientos y nuestras ideas que nos limitan. Puede ser que estemos dedicando nuestro tiempo, esfuerzos y recursos a algo que no nos gusta o que nos han impuesto y no tenemos ni actitud, ni autoestima, ni seguridad.

Lo primero es dejar claro el concepto de difícil. Nada es difícil si lo divides en pequeños objetivos, y paso a paso, poco a poco, al alcanzar cada objetivo lograrás ese otro mayor «aparentemente» tan difícil.

Lo segundo es que no debes dar nada por sentado. La vida es continuo cambio. Nuestro alrededor puede cambiar, nosotros podemos cambiar, cambiamos de objetivos y cambiamos continuamente —tanto para bien, como para menos bien—.

Lo tercero es que el subconsciente no sabe ni de pasado ni de presente ni de futuro. Es posible que nosotros inconscientemente le hayamos grabado a fuego determinadas emociones y creencias, que, por cierto, podemos curar. Es muy importante reconocer dichas creencias, deshacernos de ellas y poner otras más poderosas y motivantes.

Lo cuarto y para terminar, es que empieces a GRABARTE desde YA que PUEDES CONSEGUIR CUALQUIER OBJETIVO que te plantees en la vida.

¿Cuánta fe tienes?

A lo mejor ni lo sabes. Por eso daremos un pasito en conocernos un poco más.

Hay diferentes tipos de fe; la fe religiosa y la fe en uno mismo. Incluso hay cierta sintonía entre ambas, pero nos centraremos en la fe en uno mismo.

¿Qué es tener fe?

Tener fe consiste en creer, confiar o asentir sobre algo o sobre alguien, antes incluso de tener cualquier evidencia.

Crees en ello antes de verlo, cuando SABES que puedes conseguir tus objetivos antes de conseguirlos, pese a todas las dificultades que te encuentres por el camino.

Cuando aún no lo tienes y sabes que lo vas a tener.

Cuando aún no lo vives y sabes que vas a vivirlo.

Trabaja tu fe, trabaja en esa creencia motivadora de creer en ti mismo. Esfuérzate en tener fe, en los momentos más complicados, busca y encuentra la fe.

«Al final eres y serás lo que crees que eres»
Anónimo

Lo importante es cómo te ves tú, no cómo te ven los demás.

¿Cómo se trabaja la fe en uno mismo?

Primero, esforzándote día a día en mejorar. En este viaje hago mucha alusión al esfuerzo, pero la vida está hecha para los valientes y los que se esfuerzan en conseguir sus propósitos, no para mediocres que siguen la corriente del río.

Segundo, sigue todas las pautas de este viaje, háblate de forma positiva, esfuérzate en conseguir tu propio éxito, hazte mitad monje, mitad gladiador, desarrolla tu inteligencia emocional y amor propio.

Tercero, ten paciencia y termina este viaje, ya verás como habrás mejorado la fe en ti mismo.

Todos tenemos un pasado en el que hemos podido vivir experiencias de todo tipo y a menudo, las más dañinas son las que más a fuego tenemos grabadas en nuestro subconsciente. Independientemente de lo dañino que haya sido tu pasado, NO PUEDES PERMITIR QUE TU PASADO TE DEFINA.

Todas las experiencias de tu vida están llenas de aciertos y errores que dejarán una marca indeleble en ti. Pero si tú lo permites, tus opiniones, tus sueños y deseos se basarán en los errores del pasado.

Tú eres el único que puede decir cómo ver el pasado.

Como una carga o como un aprendizaje.

¿Cómo consigues liberar la carga?

Con AMOR y con PERDÓN.

Perdona a la gente que te hizo daño y perdónate a ti mismo.

Perdona desde un sentimiento profundo hasta que llegues realmente a sentir el perdón. No te quedes en el pensamiento, ya que hay una parte más transcendente del perdón. No hay una fórmula exacta para llegar a sentir el perdón, pero sí hay herramientas que nos permiten conseguirlo.

1. Abre la mente y contempla la posibilidad de llegar a liberar la carga del pasado. Solo ten en mente la posibilidad

de que puedes conseguirlo. Contempla la posibilidad de que puedes soltar lastre del pasado.

2. Cuando estés en un estado emocional sereno y tranquilo —podría ser ahora mismo— recuerda aquellos momentos de dolor que te hicieron daño. Identifica en tu interior cómo tu cuerpo pretende devolver ese dolor a esas personas o situaciones que te hicieron daño; esta es la respuesta del ego —ahora no te me vayas—. Identifica ese dolor y apego para después, mentalmente, liberar esa sombra, ese ego que te lastra del pasado. Tómate tu tiempo y rellena la línea de la vida.

LÍNEA DE LA VIDA

AQUÍ Y AHORA

Pasado	Futuro
Hitos del pasado que te han hecho daño:	Objetivos a conseguir en el futuro:
-	-
-	-
-	-
Perdónalos	Visualízalos

3. Practica a menudo la observación de tus emociones. Poco a poco, conseguirás profundizar en el perdón y el amor desde lo más hondo de tu ser.

4. Practica la meditación, te ayudará mucho en este sentido.

5. Practica el amor en todas sus facetas y en toda su esencia; es el antídoto contra la infelicidad. Amor hacia todo lo que te rodea, familia, amigos, mascotas, naturaleza, etc.

Eso sí, recuerda:

Tu pasado no determina tu futuro en ninguno de los sentidos.

Aunque hayas conseguido éxitos en el pasado, no te estanques, avanza y ve a por más éxitos. Si lo hiciste una vez, podrías volver a lograrlo.

No importa dónde se queden los sueños frustrados o las personas con las que te equivocaste. Mira a tu alrededor y aprecia a las personas que están en tu vida.

«No te daña lo que te falta, te daña la creencia de lo que necesitas»
Anónimo

La vida es maravillosa porque te da la oportunidad de evolucionar y aprovechar los aprendizajes y fracasos del pasado para convertirte en alguien cada vez mejor. Tenemos que aceptar que el fracaso forma parte de la vida y que saldremos ganando si realmente lo vemos como nuestro mentor.

Lecciones de las creencias en el pasado:

1. Fallas porque estas vivo. El día que mueras dejarás de equivocarte y de arrepentirte, hasta entonces, disfruta del camino en todas sus versiones.

2. Los errores son una puerta para mejorar. Los errores muchas veces nos enseñan nuevas vías y soluciones alternativas ante los problemas que nos encontramos.

3. Te equivocas porque va en la condición del ser humano, no eres perfecto. Esta certeza forma parte de la vida.

Los errores te ayudan a crecer, pueden convertirte en quien eres realmente, en vez de ser una sombra en tu felicidad.

A continuación, profundizaremos un poco más en nuestro interior tratando de conocernos más a nosotros mismos.

**«La corrección hace mucho,
pero la valentía hace más»**
Goethe

**«Hace más daño lo que imaginas,
que lo que realmente pasa»**
Anónimo

El lado oscuro

**Conoce tu YO
más profundo**

Creencias limitantes

¿Quién soy?

La vida es sintonía

Sé el mondiador visionario

El amor propio

¿Qué es el éxito?

¿De qué te tienes que ocupar?

Inteligencia (emocional)

¿Qué es el tiempo?

Ser buena persona

La injusticia de la vida

La alegría de la vida

CONOCE TU YO MÁS PROFUNDO

L legado a este punto ya sabes qué es para ti el éxito y hacia dónde quieres avanzar y mejorar, pero aquí no termina tu autoconocimiento.

Nuestra mente es muy poderosa, maneja una grandísima cantidad de información —recuerda el gran potencial que tiene nuestro subconsciente—; por eso seguiremos profundizando paso a paso.

¿Cuántas veces al día piensas en cómo mejorar TU vida? Abarca todas las dimensiones, emociones, pensamientos, hábitos, forma física, relaciones sociales y sentimentales.

¿Lo has pensado de verdad?

Si no lo has hecho, párate a pensarlo. ¿En qué momentos en el día tratas de dar un paso para mejorarte? ¿Qué momentos reservas para ti para avanzar, alcanzar tu éxito y llenar el depósito de amor propio?

Si tu respuesta no es «CONTINUAMENTE», te adelanto que TU VIDA puede mejorar en muchos aspectos. Termina de recorrer tu propio viaje y tú mismo te darás cuenta.

A partir de ahora, trata de tener siempre una pequeña reflexión de autocrítica constructiva. Por ejemplo, después de cada interacción con personas, con compañeros del trabajo, con clientes, con tu familia o en aquellos momentos que te hayas dedicado para ti —como puede ser haber hecho ejercicio o una meditación—, haz esta autocrítica cuando estés relajado, cuando estés mentalmente frío y así podrás hacer juicios críticos sensatos sobre ti mismo.

Al principio te puede parecer que el ejercicio de autocrítica requiere mucho esfuerzo, pero verás como siguiendo estas pautas, el proceso será muy llevadero. Por eso y como todo, empezaremos paso a paso.

Empieza por las noches. Dedica cinco minutos a hacer un breve repaso de todo tu día. No revivas las situaciones, solo resume en qué podría haber mejorado de un modo positivo. Por ejemplo, qué podrías haber dicho y que no —ya que los resultados no acompañaron—, cómo podrías haber enfocado mejor la solución a tal problema, la situación con tal persona, etc. Presta atención al hacer este resumen; hazlo con tranquilidad, desde el punto de vista de la observación y el aprendizaje, detectando diferentes áreas de mejora. Enfócate en las soluciones a los problemas que te hayan surgido.

Siempre hazlo desde el punto de vista de la aceptación y de la mejora. Al recordar las situaciones, piensa que actuaste así por algún motivo.

De esta forma te estás desarrollando en muchos de los aspectos que vivimos durante el viaje: visualización, mejora continua, inteligencia emocional, pensamiento positivo y autoconocimiento.

Además de esto, ¿qué opinas de ti mismo? ¿Cómo te miras en el espejo? ¿Con amor, ganas, tristeza, pena? Aprende a amarte tal y como eres, con tus virtudes y tus defectos, eres un ser maravilloso. La vida no es perfecta, es vida.

Háblate más a menudo, desde el punto de vista de la aceptación y la mejora, no desde la crítica destructiva. Así descubrirás áreas de mejora para estar mejor contigo mismo.

Si no sabes estar bien contigo mismo..., ¿quién va a querer estar contigo?

Como vimos en la inteligencia emocional, las distintas inteligencias se combinan en diferentes grados en un entorno social y cultural distinto haciéndonos únicos. Nuestros talentos son únicos, individuales y personales.

«De todos los conocimientos posibles, el más sabio y útil es conocerse a uno mismo»
William Shakespeare

Un aspecto importante del autoconocimiento es responder a la siguiente pregunta: ¿eres capaz de liberarte de tu mente cuando lo DESEAS y de olvidarte por completo de tus problemas?

En aquellos momentos en que no eres capaz de hacerlo, tu mente te domina a ti, no tienes control sobre tus emociones. Esto te tiene que servir para darte cuenta de que tienes que mejorar. Primero, aceptando la situación. Después, intentando conseguir antes el control mental del momento hasta lograr que las veces en que pierdas el control sean ocasionales.

Ahora bien, siguiendo en el camino de nuestro autoconocimiento…

¿Qué tal cuidas a ese niño que habita en lo más profundo de tu ser? ¿A esa persona que fuiste hace años? Si no sabes a qué me refiero, te presento a…

Tu niño interior

Todas las personas llevamos dentro al niño que fuimos un día. Como niños y niñas que fuimos, nos enfrentamos a un mundo hostil dentro del entorno de cada uno.

Casi todos hemos tenido heridas emocionales en nuestra infancia. Si en su momento no solucionamos por nosotros mismos estas heridas emocionales, nuestro niño seguirá dolido. Esto hace que muchas veces aparezcan emociones y salgan a la luz sentimientos y sensaciones dolorosas resultado de no haber curado a nuestro pequeñín interior.

Puede que tu infancia no fuera completamente feliz. Lo habitual es que no lo fuera, porque no teníamos la suficiente madurez mental y emocional para poder gestionar ciertos episodios que de alguna manera aún siguen en nuestro interior y no hemos terminado de gestionar.

Puede que tuvieras que crecer en un ambiente violento o quizás sientes que recibiste poco amor, falta de reconocimiento, insuficiente vínculo emocional de cariño y apoyo; estos pensamientos puede que te sigan atormentando.

Estos sentimientos y emociones se traducen en aflorar pensamientos y emociones de inseguridad y desconfianza en nuestra etapa madura y adulta.

Y así seguirá hasta que no curemos a nuestro niño interior.

Ahora bien, ¿cómo podemos curar las heridas emocionales que sigue teniendo nuestro niño interior?

Seguiremos el siguiente proceso:

Antes de comenzar este proceso, puede que te afloren emociones muy intensas y algunas dolorosas; es totalmente normal. Déjalas que salgan y fluyan. Ahora sí es momento de dejar salir a tu exterior todo tipo de emociones, recuerda que forman parte de la vida.

1. Visualízate cuando eras pequeño. Si es necesario coge una fotografía e imagínate en tu dormitorio o cualquier otro sitio que recuerdes con nitidez; cuanto más nítida y real sea la imagen, más efectivo será este proceso.

2. Sitúa a tu niño interior sentado en una silla, rebusca en tu interior más profundo y encuentra aquellas emociones que más te dolieron en el pasado, así como aquellas emociones de las cuales te arrepientes. Por ejemplo, no haberte podido despedir de algún pariente cercano.

3. Una vez que tienes situado a tu niño interior en una silla y ubicado en una habitación nítida, donde incluso puedes llegar a sentir su olor característico, deja que aparezca por la puerta TU YO ACTUAL.

4. Acércate a tu niño interior y empieza a establecer un diálogo. Pregúntale cómo se siente. Si ves en su rostro una cara melancólica, dale tiempo para que te responda. Deja que se explique y se desahogue, así incluso podrás llegar a sentir sus emociones.

5. Cuando termine de explicar cómo se siente, te acercas más aún y lo abrazas, le das un abrazo con mucho amor, empiezas a notar cómo le transmites paz, serenidad y tranquilidad, aquello que él anhelaba de pequeño. Le dices que tú estás ahí para todo lo que necesite. Le transmites que todo va a salir bien y que aquello que no haya salido bien, lo superará.

Guárdate esta imagen, con las emociones de tranquilidad y serenidad, en algún hueco de tu interior para que, de vez en cuando, vuelvas a tu niño interior y lo abraces.

Ahora volvamos a nuestra etapa madura.

Cuando tengas un descontrol emocional en tu etapa madura, es muy importante hacer el esfuerzo de preguntarse:

¿Por qué siento tales emociones? ¿De dónde vienen estas emociones que tanto me descontrolan?

De esta forma te estarás centrando en ver la raíz de tu descontrol emocional, de tu problema. Puede haber muchos motivos: puede que no aceptes tu entorno, que pienses que debería ser de otra manera, que te cuestiones por qué te ha tocado a ti vivir tal o cual situación. Ahora puede ser el momento de darte cuenta de que no puedes cambiar las situaciones ni tu entorno. Recuerda lo que está al alcance de tu mano, que es tu mente, y cómo responde ante las distintas situaciones a las que te enfrentas.

«El conocimiento de uno mismo, es decir,
la capacidad de reconocer un sentimiento en
el mismo momento que aparece constituye
la piedra angular de la inteligencia emocional»
Daniel Goleman

El lado oscuro

Conoce tu YO
más profundo

Creencias limitantes

¿Quién soy?

La vida es sintonía

Sé el mondiador visionario

El amor propio

¿Qué es el éxito?

¿De qué te tienes que ocupar?

Inteligencia (emocional)

¿Qué es el tiempo?

Ser buena persona

La injusticia de la vida

La alegría de la vida

EL LADO OSCURO

Hemos llegado a una de las paradas más críticas de este viaje. Intentaremos profundizar en nuestros miedos más profundos. Esta fase será tan profunda como tú quieras o estés dispuesto a asumir. Cuanto más te esfuerces en profundizar, mayor será el salto para mejorar el nivel de tu vida.

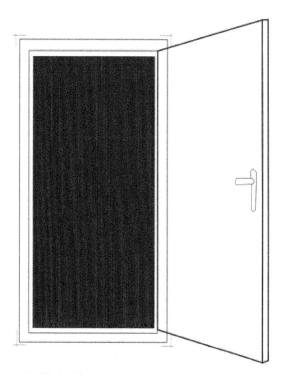

Trataremos de ahondar en nuestros miedos más profundos. Aunque *a priori* no lo creas, si profundizas, seguro que encuentras ciertas situaciones, emociones o pensamientos que realmente te incomodan. Tendrás una sensación incomoda porque implica un esfuerzo importante, pero yo estaré aquí contigo, no voy a permitir que los miedos te atrapen, juntos los haremos más pequeñitos.

Los miedos son aquellos pensamientos y emociones que surgen cuando percibimos un peligro. Estas emociones nos queman por dentro, nos paralizan, nos impiden avanzar y nuestro cerebro empieza a generar sustancias de autodefensa a raudales, tales como, la dopamina, la adrenalina, etc. Algunas veces los peligros que percibimos vienen de creencias limitantes del pasado, de inseguridades sobre nosotros mismos y estas nos generan miedos que muchas veces parece que los tenemos detrás de la espalda.

¿Hay algún resentimiento interior que te perturba por dentro? Si lo tienes, obsérvalo tanto a nivel mental como a nivel emocional, despréndete de tus emociones y no te identifiques con ellas, préstales atención, reconoce qué emociones y pensamientos crea tu mente en torno a ese resentimiento interior. Si la emoción es desagradable, deja que fluya, que se aleje, podrás tener el mismo resentimiento interior —que no te gustará y formará parte de tu vida—, pero ya no te generará esos pensamientos y emociones desagradables.

Realizaremos un breve proceso y lo primero que haremos es darnos media vuelta y enfrentar nuestros miedos.

Primero, haz el esfuerzo de profundizar en tus miedos desde un punto de vista de la observación. Reconócelos y trata de definirlos lo más específicamente posible. No temas a tus miedos. Además, identifica aquellos defectos que te incomodan y te perturban. Contesta a las preguntas: ¿A qué le tengo miedo? ¿A qué aspectos ofrezco resistencia interna desde mi interior?

(Te dejo esta hoja para que los expreses).

-

-

-

-

-

-

-

-

-

-

-

-

-

-

-

-

Y este recuadro, para que los dibujes, por si les quieres dar forma a tus miedos.

Escríbelos, tómate todo el tiempo que necesites, de verdad. ¡Hazlo! Responde de una forma lo más detallada posible a las preguntas: ¿A qué le tengo miedo? ¿Qué ocurre en mi alrededor que me atrapa y me bloquea? ¿A qué le tiene miedo mi niño interior?

De corazón, no continúes leyendo hasta que no consigas escribir tus miedos; y si hoy no estás preparado del todo, cierra el libro y continúa otro día.

Reflexiona sobre tus miedos diarios. Si tienes miedo por lo que la gente pueda creer sobre ti, con aquellas partes de ti con las que sientes vergüenza, con aquello que te avergüenza de tu entorno.

Deja que fluya, deja que salga todo. Es tu momento.

No continúes a la página siguiente si la página anterior todavía está en blanco.

Estos miedos que te producen una sensación de malestar; esa sensación fría, DOLOROSA, ESA ANGUSTIA, ESE MIEDO QUE NOS ATRAPA, QUE NOS SUPERA, ESE TERRIBLE MIEDO QUE ES TAN PODEROSO Y TAN GRANDE QUE HEMOS IDO REALIMENTANDO Y QUE AHORA YA ES GIGANTE. Ahora bien, dame tu mano. Esta voz —que es más grande que ese miedo— te dice que ¡eres capaz de superar todos y cada uno de tus miedos! ¡¡TÚ PUEDES!! Eres un SER MARAVILLOSO capaz de superar cualquier obstáculo que se te ponga en el camino. Eres capaz de darte media vuelta, COGER LA PIEDRA DEL CAMINO, COGER UN PICO Y UNA PALA Y REVENTARLA.

TÚ PUEDES CONSEGUIR NO SENTIR ESA VERGÜENZA Y SENTIRTE ORGULLOSO DE TI MISMO PORQUE ERES UN SER ÚNICO, CAPAZ DE CONSEGUIR TODO LO QUE TE PROPONGAS CON ESFUERZO, SUPERACIÓN Y SACRIFICIO, tal y como lo has hecho hasta ahora.

Que por muy diminuto que te sientas, tienes que ser consciente de que puedes conseguir machacar esos monstruos tan grandes que tienes en tu mente, los puedes PULVERIZAR, que puedes llegar a ser MÁS GRANDE QUE ELLOS, QUE PUEDES DOMINARLOS.

Respira profundamente y continúa.

Anteriormente has aprendido a identificar y expresar tus miedos. Los has expresado, los has escrito conscientemente, desde un punto de vista de la serenidad. Esto implica que ya estamos consiguiendo hacerles frente.

Ya los miras de tú a tú. LOS MIRAS A LOS OJOS, FRENTE A FRENTE —como al lobo oscuro del egoísmo—. CADA VEZ TE VAS SINTIENDO MÁS FUERTE, CON MAYOR CONVICCIÓN, NO SOLO DE QUE VAS A SUPERAR TUS MIEDOS, NI DE QUE LOS VAS A DEJAR DE REALIMENTAR, SINO DE QUE TE ALIMENTARÁN A TI, ¡TE LOS VAS A COMER! SERÁN TU MOTOR DE APRENDIZAJE PARA NUEVAS EXPERIENCIAS. TE AYUDARÁN A CONSEGUIR NUEVOS OBJETIVOS EN TU VIDA, CONSEGUIRÁS QUE ESTÉN A TU MERCED, QUE TE AYUDEN A SER MEJOR PERSONA Y A POTENCIARTE EN TU VIDA.

¿Y sabes lo que vas a hacer ahora?

Mirar de nuevo a tus miedos frente a frente y sonreírles. ¡Hazlo! No es una opción, hazlo de corazón, SONRÍELES, por favor, haz el esfuerzo de volver a la página donde has escrito tus miedos. Míralos de frente y haz esa mueca con la cara de sonreír y sonríeles, de esta forma, sentirás que se hacen más pequeños y TÚ MÁS GRANDE. Alimenta tu subconsciente de motivación, superación y optimismo.

Si no lo has hecho todavía, ¡hazlo, por favor! Solo tienes que volver cuatro páginas hacia atrás, mirar tus miedos con convicción de superación y hacer la mueca con la cara. Gracias.

Cada vez que se te plantee un problema en la vida, trata de sonreírle. Conlleva esfuerzo, pero hazlo, se tolera mucho mejor. Sonríe incluso a la muerte.

Tuve una profesora que tenía cáncer. Yo siempre la veía sonriente y un día se lo dije. «Siempre la veo sonriente, profesora», a lo que me contestó: «Al mal tiempo, buena cara». Chapeau.

Enfrentarte a tus miedos no es volver a empezar y tampoco es fracasar, es concederte una nueva oportunidad y retomar tus sueños, luchar por lo que quieres, ser fiel a ti mismo y mantenerte en el camino de la felicidad.

No temas enfrentarte a tus miedos, más pronto que tarde te alimentarás de ellos y te convertirás en una persona más fuerte y más desarrollada.

Hemos tomado un nuevo punto de partida alcanzando nuestro yo más profundo, reencontrándonos con nuestro niño interior y profundizando en nuestros miedos. Ahora estás preparado para coger las riendas desde este nuevo punto de partida, para salir del lado oscuro, con ganas, ilusión y fuerzas. Ahora te toca DESPEGAR, pero no te olvides que todo esto conlleva un esfuerzo que vas a tener que hacer a diario. No te olvides de que este esfuerzo, poco a poco, formará parte de tu forma de vida, filosofía y forma de vivir.

Acabas de hacer un ejercicio en el que lo que piensas y sientes está encaminado en la misma dirección entrando en lo más profundo de tu interior. Ahora mismo acabas de dar un gran paso en tu desarrollo personal y en tu inteligencia emocional.

Aunque hayamos llegado a la cima, el verdadero éxito ha sido vivir cada escalón. Ahora comienza la etapa de despegue, iremos viviendo en cada parada del viaje un desarrollo personal distinto haciéndonos cada vez más fuertes, para llegar a dar la mejor versión de nosotros mismos.

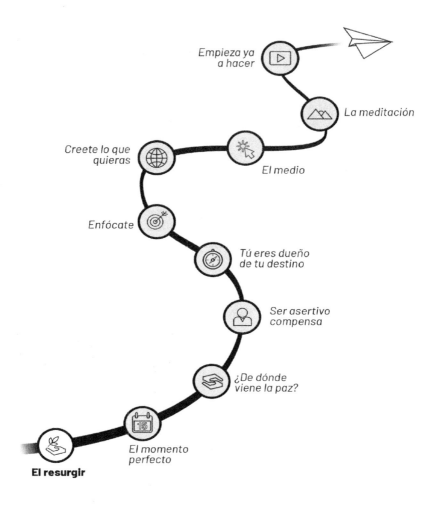

Empieza ya
a hacer

La meditación

Creete lo que
quieras

El medio

Enfócate

Tú eres dueño
de tu destino

Ser asertivo
compensa

¿De dónde
viene la paz?

El momento
perfecto

El resurgir

EL RESURGIR DE LAS CENIZAS

Arrancamos motores y empezamos el despegue. Has realizado un gran esfuerzo para llegar hasta aquí y ahora tenemos que seguir el viaje.

Partimos desde nuestro yo más profundo, de habernos enfrentado cara a cara a nuestras emociones más críticas.

Para resurgir de tus cenizas MENTALES no hace falta morir físicamente, pero sí hace falta que te observes, que tomes CONSCIENCIA de ti, de tus problemas, de tus miedos y de tus objetivos en la vida.

Ya tienes que tener claro que cuanto más domines tus emociones, más dueño serás de tus acciones.

En todas las paradas anteriores del viaje, en cada paso que has dado, has desarrollado tu inteligencia emocional y desde el momento en el que te has convertido en observador de tus emociones ya has empezado a resurgir de tus cenizas.

No podemos evitar tener emociones negativas, vivimos en un mundo hostil. A menudo nos ocurren acontecimientos que inevitablemente nos perjudican. Tropezarás con la piedra, pero no te encariñes con ella, no te regocijes en el fango. Sal de ahí, desahógate y sigue hacia delante, trata de olvidar la emoción negativa lo antes posible.

Para empujarte hacia la reencarnación en vida y salir de tu lado oscuro, te voy a resumir los cinco aspectos sobre los que se suele arrepentir la gente antes de morir.

Bronnie Ware es una enfermera y escritora que cuidó a enfermos terminales en Australia y a muchos les preguntó, antes de morir, de qué se arrepentían en la vida. Los pacientes lo expresaron así:

1. **«Ojalá hubiera tenido la fuerza y el coraje para hacer realmente lo que quería hacer y no lo que otros esperaban de mí».** Muchos no habían intentado cumplir sus sueños ya fuera por elección suya, por miedos, por contemplaciones, por no romper las cadenas emocionales que les ataban a los miedos.

2. **«Ojalá no hubiera trabajado tanto».** La mayoría se arrepentían de haber dedicado demasiado tiempo al trabajo y en vez de a su familia, hijos y pareja.

3. **«Ojalá hubiera expresado más a menudo mis sentimientos».** Mucha gente no expresa sus sentimientos por miedo, por estar en paz con el resto. De esta forma se guardan tensiones internas innecesariamente.

4. **«Ojalá hubiera tenido más contacto con los amigos».** Es decir, muchos se arrepentían de no haber dedicado más tiempo a las relaciones sociales y a cuidarlas, haber

llamado más a menudo y mantener esas amistades que se fueron deteriorando con el tiempo.

5. «**Ojalá hubiera sido más feliz**». Muchas personas no se dan cuenta hasta el final de que ser feliz es una elección y de que se han quedado atrapadas en miedos, hábitos y creencias limitantes

Estos son, en líneas generales, los aspectos de los cuales más se arrepiente la gente antes de morir.

Te invito a que reflexiones sobre ellos, los aprendas y no te arrepientas en tu lecho de muerte de no haberlos atendido.

Una vez que hemos tocado fondo, veremos hacia dónde dirigir los pensamientos y trataremos de enfocar la mente para conseguir dar un salto en madurez emocional.

La base fundamental del cambio es la aceptación. La aceptación es reconocer aquellas situaciones no deseadas de nuestra realidad, las que no están a nuestro alcance y no podemos hacer nada para modificarlas. Es importante aprender a reconocer este tipo de situaciones, sin quejas ni excusas, para evitar hacernos daño a nosotros mismos.

Reconoces que has aceptado una situación del pasado que te producía emociones y sentimientos dolorosos cuando revives aquella situación y ahora, reviviéndola en tu mente, eres capaz de no sentir ese dolor, de que no te remueva por dentro, de no sentir inferioridad, inseguridad, vergüenza, debilidad. Por su puesto, las situaciones no te gustarán, pero ya no te perturbarán emocionalmente.

¿Sabes qué ocurre cuando aceptas todos tus defectos?

Cuando hayas aceptado todos tus defectos, NADIE podrá usarlos en tu contra. Y te harás INVENCIBLE.

Ya no tendrás sentimientos de inferioridad ni vergüenza, dolor ni insatisfacción; sabes que no te gustan y que forman parte de la vida.

Otro aspecto en el que debemos trabajar es la serenidad.

La serenidad no es resignación ni conformismo. La serenidad es afrontar la realidad actuando de manera racional y templada. Aceptar las cosas como son —sin juicios emocionales—. Es importante aceptar la realidad como es y no como nos gustaría que fuera. No nos engañemos pensando que las cosas deberían ser lo que para nosotros es justo —porque la vida, ya de por sí, es injusta—.

La razón principal es ser conscientes de cómo es la realidad, no desde nuestro punto de vista, sino desde un punto de vista de observación externa; de cómo encajamos nosotros en nuestra realidad y de cómo encaja el resto.

Por tanto, no luches ni te preocupes por aquello que no podemos evitar y solucionar. No conseguirás más que perder continuamente energía que no usarás para enfocarte y conseguir aquello que a ti te hace realmente feliz.

«Tienes que enfocar toda tu energía, no en la lucha contra lo viejo, sino en la construcción de lo nuevo»
Anónimo

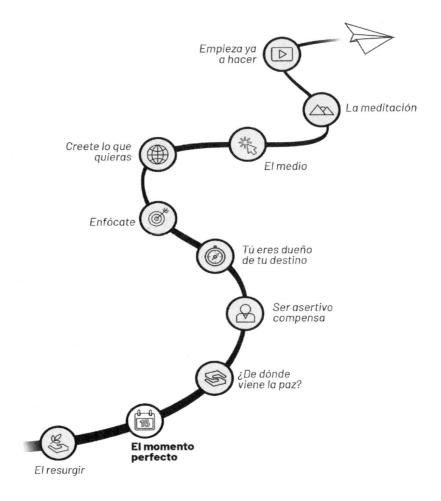

Empieza ya
a hacer

La meditación

Creete lo que
quieras

El medio

Enfócate

Tú eres dueño
de tu destino

Ser asertivo
compensa

¿De dónde
viene la paz?

**El momento
perfecto**

El resurgir

BIENVENIDOS AL MOMENTO PERFECTO

¿Esperas el momento perfecto?

¿Esperas que llegue algún momento concreto?

Si esperas que venga alguien a entregarte un contrato de trabajo a la puerta de tu casa; que te toque la lotería —puede que te toque, pero seguramente no eres consciente de lo improbable que es— o que venga el príncipe azul o tu amor platónico y caiga rendido o rendida en tus brazos mientras estás en el sofá de casa hinchándote a helado viendo la última telenovela, sigue esperando… porque ESE MOMENTO NUNCA VA A LLEGAR.

Siento decírtelo así de claro, pero ese momento nunca va a llegar.

Acepta la realidad, como no hagas algo en «el momento» no lo vas a conseguir.

Estás invirtiendo pensamientos en estar en un momento futuro, cuando tú estás «aquí» queriendo estar «allí». Ya vimos en ¿Qué es el tiempo? que esta situación nos va a generar frustración, ansiedad y estrés.

Deja de esperar el momento perfecto… Coge el momento Y HAZLO PERFECTO. Tú no eres dueño de las circunstancias, eres dueño de tus pensamientos y tus emociones —si no, se adueñarán ellos de ti—.

¿Cuál es el único momento que puedes vivir de verdad? ¿Cuál es aquel que puedes sentir en su máxima extensión?

AQUÍ Y AHORA

Vive el momento. Si estás en una comida con compañía, disfruta, siente la comida y la compañía; si estás solo, disfruta de la paz de la soledad; si te estás duchando, disfruta de la ducha y olvídate del resto; si estás triste, llora y desahógate, pero VIVE EL MOMENTO y evita cualquier tipo de distracción emocional que te saque del momento presente. Aplica esto en cada momento.

Estamos acostumbrados a pensar y autocuestionarnos hasta tal punto que llegamos a perder de vista lo que realmente hacemos y vivimos en el momento actual. Tenemos que aprender a vivir y sentir el momento presente. Por supuesto, con vistas a futuro, porque lo que hagamos en el presente condicionará nuestro futuro, pero ¡OJO!, no te olvides de VIVIR EL MOMENTO.

¿Cómo vivir el momento presente?

Primero, siendo conscientes de que el «AQUÍ» y «AHORA» es la puerta para acceder a una parte de nuestra mente inconsciente, el lugar dónde tenemos las emociones, la tristeza, la alegría, el enfado, el aburrimiento, el ego, el dolor, el orgullo etc.

Cuando aprendes a ser testigo de tus pensamientos y emociones —ya lo vivimos en: *¿Qué es el tiempo?*, en *La rueda de la vida*, *Tu YO más profundo* y *El lado oscuro*— tomarás un gran control sobre tu mente porque podrás minimizar tus pensamientos y emociones negativas y potenciar tus emociones y pensamientos positivos. No significa que dejes de sentir, significa que llegarás a ocupar un hueco de la tristeza y el dolor con alegría y amor. Esto no quiere decir que no tendrás momentos de bajón y tristeza, quiere decir que tendrás una paz interior mucho mayor.

Ser testigo de tus emociones se consigue observándote a ti mismo y a tus emociones. Acostúmbrate a hacer un seguimiento de tu estado mental y emocional desde la observación. Con la práctica aumentará tu poder de autoobservación y cada vez profundizarás más en tu estado interior. Por eso, es recomendable en nuestro seguimiento diario antes de dormir observarnos emocionalmente sin ningún tipo de juicio.

Estés donde estés, estate totalmente allí. Si tu momento presente te resulta intolerable y desagradable solo existen tres opciones:

- Retirarte de vivir esa situación.

- Cambiar de situación.

- Aceptar totalmente la situación.

Asumiendo la responsabilidad de tu vida, debes elegir una de estas tres opciones en el momento presente. Después, tienes que aceptar las consecuencias, sin excusas, sin negatividad, sin contaminar tu mente. Evita pensar las consecuencias de haber tomado otra decisión y así evitarás salirte de tu momento perfecto, el ahora.

Una vez tomada la decisión, trata de construir el futuro y no trates de reconstruir el pasado. El pasado es intocable y el futuro solo lo puedes crear viviendo tu momento actual.

Ante una situación desagradable y prolongada, normalmente es mejor hacer cualquier cosa razonable que no hacer nada. Si cometes un error, al menos te llevarás el aprendizaje y dejarás de estar bloqueado en esa situación.

Si la situación te atrapa, te bloquea y tienes miedo, lo primero que tienes que hacer es reconocerlo mentalmente. No es ninguna debilidad ser conscientes de nuestro bloqueo, sino más bien lo contrario, es ser valiente, pues reconocer que se tiene miedo ante una situación concreta, requiere de fuerza y valentía.

Una vez reconocido el miedo, cógelo en la forma que lo tengas e imagina que lo metes en una bola de tu color favorito. Con tu mente, haz esa bola más y más pequeña de forma progresiva separando la sensación de miedo de la situación que nos lo provoca. Haciendo este ejercicio observarás como ante cualquier situación irás separando el miedo de la propia situación, dándote cuenta de que esa situación también existe sin miedo y no solo eso, vivirás la situación sin ese lastre del miedo, sin que nada te frene.

Si verdaderamente no puedes cambiar las situaciones que te incomodan o te atormentan, tendrás que aceptarlas íntegramente desistiendo y abandonando cualquier resistencia interna que tengas. No pretendas seguir luchando contra aquello que no puedes cambiar. Tienes que dejar que fluya. Percibe cómo tu cuerpo y tu mente ofrecen resistencia ante estas determinadas situaciones incontrolables y déjalas fluir. Pero, querido compañero, dejar que fluya no significa ser débil. Fluir ante una situación que no podemos cambiar es dar un gran paso en el desarrollo de nuestra inteligencia emocional. De esta manera, te liberarás internamente del dolor que te produce dicha situación…, lo que te hará LIBRE.

Eso sí, antes de aceptarlo, identifica si el cambio es realmente no poder cambiar la situación o es fruto de vaguería o pasividad ante el momento.

¿Sabes cuándo te va a llegar la felicidad?

Nunca, a futuro NUNCA, la felicidad y la prosperidad nunca te van a llegar en el futuro. SIEMPRE TE VAN A LLEGAR AQUÍ Y AHORA.

Cuando aceptas plenamente lo que tienes, lo honras sinceramente, ya lo reconoces cuando vives tu realidad presente. Es cuando encuentras la verdadera prosperidad y el momento en el que agradeces lo que tienes y agradeces lo que es la vida.

Vivir el momento presente no tiene que ver con tu propósito en la vida. Por supuesto que tienes que tener aspiraciones y externamente podrás dar pasos en la dirección que tu elijas, pero internamente solo tienes un paso: aquel que estás dando ahora mismo.

El pasado y el futuro se afrontan desde tu momento presente, desde el ahora. Cuanto más pienses en el pasado y en el futuro, más te identificarás con ellos y estarás más conectado emocionalmente. Debes analizar tu pasado y tu futuro desde el momento presente. Enfócate en observar tus emociones, tus reacciones y tus pensamientos del pasado y del futuro desde el momento presente. De esta forma, te estarás liberando de los estados temporales intrascendentes centrándote en el verdadero poder que tiene el momento presente, encontrando realmente el sentido de la vida.

A medida que vas viviendo tu realidad presente y vas tomando cada vez más consciencia, comprenderás súbitamente ciertos comportamientos tuyos: miedos, vergüenzas, etc. Verás aspectos tuyos con mucha más claridad que antes, pero lo más importante es que sigas desarrollando tu consciencia en el momento presente.

Un ejercicio muy importante para conseguir la toma de consciencia del aquí y del ahora es mediante... LA MEDITACIÓN.

«No cuentes los días, haz que los días cuenten»
Muhammad Ali

«No es que tengamos poco tiempo,
sino que perdemos mucho
Séneca

Una vez que hemos definido el concepto de momento perfecto, y sabemos hacerlo perfecto, fijaremos otro pilar fundamental: conseguir la paz de la cual hemos hablado tanto en este viaje, pero... ¿de dónde viene la paz?

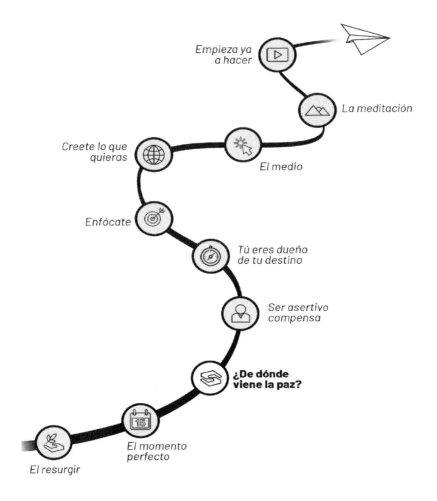

Empieza ya
a hacer

La meditación

Creete lo que
quieras

El medio

Enfócate

Tú eres dueño
de tu destino

Ser asertivo
compensa

¿De dónde
viene la paz?

El momento
perfecto

El resurgir

¿DE DÓNDE VIENE LA PAZ?

¿Qué es la paz mental?

Como concepto, una frase histórica:

**«No hay camino hacia la paz,
la paz es el camino»**
Mahatma Gandhi

**«La persona que no está en paz consigo misma,
será una persona en guerra con el mundo entero»**
Mahatma Gandhi

Hay que entender que la paz mental es un camino. No es algo que te venga de repente, es un estado mental al que te tienes que acercar poco a poco, con paciencia y persistencia. Con ese acercamiento conseguirás la paz interior.

Las situaciones y las cosas materiales te podrán dar placer, pero también te podrán dar dolor si no las consigues. Las cosas y las situaciones nunca te darán alegría —solo placer—, la alegría en su estado más puro no tiene causa externa, solo tiene causa interna y reside en nuestra paz interior.

¿Por qué es necesario conseguir la paz mental?

Es decir, ¿por qué es necesario adentrarte en el camino de la paz mental y nunca separarte de él? Porque conseguirás un estado de alegría y bienestar profundo.

Serás el mondiador en su máxima extensión, conseguirás tener cubiertas tus necesidades básicas y nada ni nadie te va a perturbar. Le darás importancia a las cosas que realmente son importantes.

Podrás cumplir las expectativas sobre ti mismo y, más importante aún, cuando no las cumplas, no tendrás un sentimiento negativo, sabrás en qué tienes que mejorar y lo conseguirás más adelante o lograrás nuevas metas que se pondrán en tu camino.

Cuando hay paz en ti, la adversidad es simplemente un paisaje. Te conviertes en un observador de la realidad y no en un sufridor de la realidad.

Ahora bien… ¿de dónde viene la paz? ¿Dónde está ese camino?

Vamos al grano…

«La paz viene de dentro, no busques fuera»
Anónimo

Otra creencia absurda que tiene nuestro cerebro. Tendemos a pensar que la paz viene de nuestro entorno, de adquirir cosas materiales o del afecto, cariño, comprensión de las personas que nos rodean, y no es así. Lo único que hacemos es alimentar la carencia.

Al igual que la felicidad, la paz no viene de donde realmente creemos que viene.

La paz viene del interior de cada uno, por eso también se llama paz interior.

La paz interior solo depende de ti. Piensa que es como un escudo tuyo propio, que tienes que cuidar y mantener. Y con tu escudo siempre a punto, nada ni nadie va a perturbar tu interior.

La paz interior para el mondiador es el escudo del gladiador y la energía interior del monje.

«Lo que no depende de ti, no existe para tu paz interior»
Anónimo

¿Qué tenemos que hacer para conseguir la paz interior?

Lo primero es poner el foco en nosotros mismos y lo segundo entender que el camino de la paz interior se emprende mediante la aceptación, el perdón y la meditación.

Cuando hayas aceptado todos tus defectos, nadie podrá usarlos en tu contra. ¿Por qué? Ya no tendrás sentimiento de inferioridad ni de humillación y, lo más importante, tampoco tendrás dolor. Esto no significa que te gusten tus defectos. No te gustan, pero los aceptas como lo que son, defectos que forman parte de la vida.

Ya hemos trabajado la aceptación emocional en paradas anteriores del viaje, pero a veces, tenemos una falsa creencia en la cual pensamos que hemos aceptado nuestros defectos, cuando no es así.

Otro indicador clave de la aceptación es el siguiente:

¿Eres capaz de reírte de tus defectos? Haz el esfuerzo.

Si la respuesta es no, sigue trabajando tu aceptación emocional; más pronto que tarde lo conseguirás.

Otro aspecto clave es el perdón. Por naturaleza, la mente tiende a no perdonar, pero tienes que aprender a perdonar a las personas y a la primera que tienes que perdonar es... a TI. Perdona tus errores del pasado y perdona los errores del resto, no guardes rencor. Al final, el rencor se convierte en dolor interno, algo que te aparta por completo de la paz interior.

Lo que no te aporte, apártalo de tu camino, incluso tus pensamientos.

Por último, practica la meditación. Hablaremos más adelante de ella, solo te voy a avanzar que no es tan mística ni tan compleja como nos pensamos cuando no la hemos practicado. Guarda en tu refugio de paz siempre un hueco para la meditación.

**«El dolor es inevitable,
el sufrimiento es opcional»**
Buda

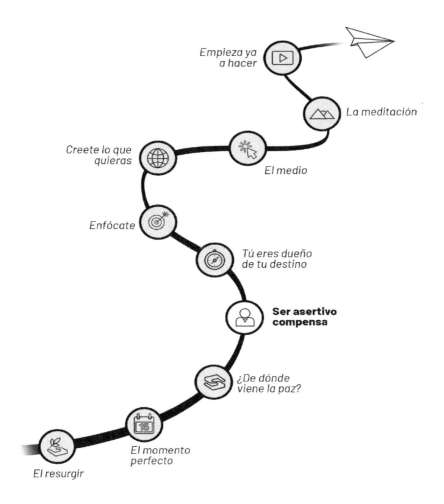

Empieza ya
a hacer

La meditación

Creete lo que
quieras

El medio

Enfócate

Tú eres dueño
de tu destino

**Ser asertivo
compensa**

¿De dónde
viene la paz?

El momento
perfecto

El resurgir

SER ASERTIVO COMPENSA

Reflexionaremos ahora sobre la asertividad y varios aspectos que la rodean.

Eres una persona asertiva cuando eres capaz de tomar una posición y autoafirmar tus propios derechos y respetar en todo momento los derechos de los demás.

La asertividad es la suma de saber decir:

- Lo que queremos y lo que no queremos.

- Saber decir «no» y «no sé» en el momento adecuado.

Y falta un aspecto muy importante que complementa la asertividad…

- Cómo lo expresamos y cómo lo pedimos, SIEMPRE tiene que ser desde la calma y la serenidad.

Es tan negativo intentar imponer tu posición de forma agresiva, como que te saquen de tu posición de forma pasiva y sumisa.

La respuesta asertiva sirve para poner límites, no para que la otra persona cambie.

La agresividad se puede manifestar de muchas maneras: puede haber agresividad física, pero también verbal y no verbal —gestos, miradas, entonación, etc.—.

Hay que tener en cuenta que hay personas que expresan todo lo que piensan sin ningún tipo de delicadeza ni consideración. Estas personas hacen mucho daño, aunque estén diciendo la verdad.

Ahora bien, ¿te consideras una persona asertiva?

Es decir, en cada conversación, ¿eres capaz de reafirmarte en una posición, respetando y comprendiendo el punto de vista de la otra persona? ¿Tratas de llegar a un acuerdo sin intentar ganar? ¿Llegas a decir que no y pones límites desde la calma y la serenidad?

Tómate tu tiempo y reflexiónalo, todos en algún momento hemos dejado de ser asertivos y hemos tenido conductas tóxicas, ya sean agresivas o sumisas. No te juzgues por haberlas tenido, perdónate, acéptalas y aprende para no cometerlas en el futuro.

Una de las principales bases de la asertividad es la autoestima. La persona que tiene verdadera autoestima no va a defenderse, sino a respetarse; no va a ganar, sino a negociar. Es importante tener esto en cuenta, ya que podemos reconocer que en distintas situaciones no hemos sido asertivos y que la raíz del problema está en nuestra autoestima. De esta forma sabremos aceptar nuestro punto de partida y tratar de mejorarlo.

«La baja autoestima es como conducir por la vida con el freno de mano puesto»
Maxwell Maltz

No quieras aparentar quien no eres. Para ello, ya has empezado a conocerte, ya sabes dónde están tus límites, tus debilidades y tus fortalezas. Trata de guiar las conversaciones hacia tus fortalezas sabiendo hasta dónde puedes llegar.

Si consigues observar a los demás desde su punto de vista y de sus sentimientos, siempre serás capaz de afrontar mejor las situaciones.

Antes de tomar cualquier decisión, trata de entender qué es lo que la otra persona realmente busca. Esto es fundamental en todas las etapas de tu vida. Piensa qué es lo que realmente te está comunicando, cuáles son sus emociones y sentimientos. De esta manera estarás empatizando con la otra persona y te será más fácil llegar a una posición beneficiosa para todas las partes.

Recuerda comunicar en sintonía, que lo que digas, pienses y sientas vaya siempre en la misma dirección.

Nunca te olvides de que podrás hacer lo que puedas, con lo que tengas y en donde estés. Puede haber personas que te podrían exigir más, pero tendrás que aferrarte y tener la confianza de haber hecho lo que podías en ese momento.

Y… ¿cómo ganar mayor confianza en ti mismo?

En primer lugar, ¿para qué quieres la confianza? Piénsalo.

¿Te has parado a pensarlo de verdad? Haz el esfuerzo, por favor.

La confianza la queremos porque deseamos alcanzar alguna meta o algún objetivo en nuestra vida. —Ejemplos de metas: Hablar bien en público, ser socialmente más aceptado, tomar decisiones correctas, etc.—, por tanto, la confianza es una herramienta.

¿Por qué nos falta confianza? Según Russ Harris y su teoría del juego de la confianza, los principales motivos por los que tenemos carencia de confianza son:

- **Expectativas demasiado altas.** Tendemos a autoexigirnos en exceso con un ideal de perfeccionismo.

- **Autocrítica severa.** Solemos criticarnos, juzgarnos y hablarnos de forma destructiva.

- **Elevada preocupación por el miedo.** En algún momento hemos experimentado el miedo y ojo, lo seguiremos experimentando. El problema no es experimentarlo, sino aprender a bailar con él.

- **Falta de experiencia.** La falta de experiencia a la hora de realizar alguna tarea para conseguir algún objetivo nos genera desconfianza.

- **Falta de autoconocimiento.** Tenemos que conocernos para saber cuáles son nuestros puntos fuertes y nuestras áreas de mejora.

Ahora bien, responde a las siguientes preguntas:

Si tuvieras toda la confianza del mundo. ¿Qué conseguirías? ¿Qué clase de persona serías?

«¿Qué conseguirías?» tiene que ver con tu propósito en la vida.

«¿Qué clase de persona serías?» tiene relación con los valores que tienes, bajo qué principios quieres vivir y qué rasgos generales quieres cultivar.

¿Qué tiene que ver esto con la confianza?

Los valores son la base, es lo que nos motiva y nos inspira en el camino de la confianza; por lo que, vivir de acuerdo a ellos, nos produce satisfacción incluso cuando no alcanzamos nuestras metas y objetivos.

Ahora bien, una vez que sabemos ¿qué es la confianza?, ¿por qué nos falta confianza? y ¿cuáles son nuestros valores?, entonces responderemos la siguiente pregunta: ¿Cuáles son las reglas para sembrar, cultivar y generar nuestra confianza?

- **Los hechos de confianza son lo primero y el sentimiento de confianza vendrá después**. ¿Cuáles son los hechos de confianza?

  □ Critícate SIEMPRE de manera constructiva, hablándote con ánimo e inspiración.

□ Trabaja para conseguir tus metas, el 99 % es trabajo y el 1 % es talento. Esfuérzate.

□ Practica el autoconocimiento desde la observación, identifica tus puntos fuertes y tus áreas de mejora.

- **La confianza no se basa en la ausencia de miedo.** Se basa en relacionarse con esta emoción de manera que puedas sacarle el máximo partido, viéndola como un avisador y no como un obstáculo.

- **Los pensamientos negativos forman parte del juego.** No hay que luchar contra ellos, sino saber que forman parte de la vida y aprender a lidiar con ellos para que nos influyan lo menos posible.

- **Aceptarnos tal y como somos.** Aceptar tanto nuestras virtudes como nuestros defectos es clave para conseguir confianza en nosotros mismos.

- **Reafírmate en tus valores.** No te salgas de tus valores, independientemente de la situación en la que te encuentres. Vive acorde a tus valores.

- **Controla la ambición de querer conseguir tus metas demasiado pronto.** Vive el proceso de alcanzar las metas apasionadamente; por ello conseguirás metas mayores a las que te pongas inicialmente.

- **Aprende de los errores.** Cuando empieces a realizar hechos de confianza, fallarás y el verdadero éxito será aprender de los errores. —No tengas miedo al fallo, ten miedo a no intentarlo—.

- **Enfócate plenamente en la tarea.** Entrégate a tus hechos de confianza basándote en tus valores con vistas a tus metas. Trata de realizar tus tareas lo mejor posible.

Para cumplir con las reglas de la confianza, debemos mantener una actitud flexible, proactiva y con mucha práctica.

«Si quieres ser respetado por los demás, lo mejor es respetarte a ti mismo. Solo por eso, solo por el propio respeto que te tengas, inspirarás al resto a respetarte»
Fedor Dostoievski

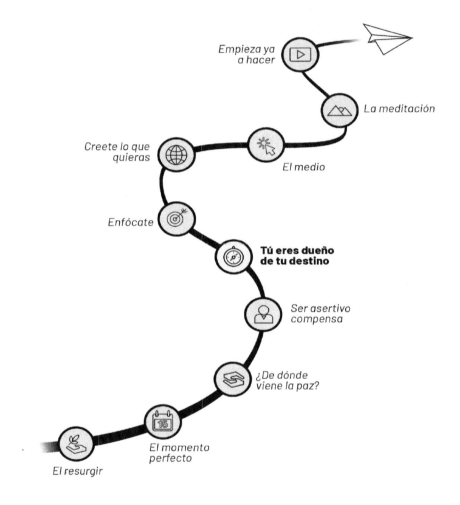

Empieza ya
a hacer

La meditación

Creete lo que
quieras

El medio

Enfócate

**Tú eres dueño
de tu destino**

Ser asertivo
compensa

¿De dónde
viene la paz?

El momento
perfecto

El resurgir

TÚ ERES DUEÑO DE TU DESTINO

«No somos el producto de las circunstancias que nos rodean, somos el producto de nuestras decisiones»
Anónimo

Las circunstancias son a veces tan poderosas que llegamos a permitir que nos influyan de tal manera que pueden destruirnos o hacernos flotar en una nube —sin tener los pies en la tierra—. En estos momentos, nos estamos olvidando de que las riendas de la vida las llevamos NOSOTROS MISMOS. Así que cógelas y dirige tu vida hacia donde TÚ quieras dirigirla.

Una de las claves principales está en:

Acercarse cada día un poquito más a nuestro objetivo. No en el objetivo en sí. Es decir, recorrer los caminos que nos lleven a conseguir los objetivos.

Como me decía mi entrenador de tenis: «Las medallas no se ganan en los partidos, se ganan en los entrenamientos».

Doy fe de que lo entendía, aunque nunca lo llegué a interiorizar mientras me entrenaba. Me hubiera encantado que mi entrenador se hubiera sentido orgulloso de que yo me dejara la piel en la pista, aunque al cabo de los años aprendí que el foco no estaba en él, sino en sentirme yo orgulloso de mí mismo.

Ahora bien… ¿hacia dónde dirigir tu vida?

Te vas a tener que centrar en:

- Aquello que te apasiona.

- Aquello que haces muy bien.

- Y si, además, con tu dedicación ayudas a los demás y tratas de dejar el mundo mejor de lo que está, serás brillante.

¿Cómo encontrar tu propósito en la vida?

Si no sabes qué hacer, lo primero de todo es dedicarte a aquello que te gusta en todos los sentidos —así encontrarás tu felicidad— y no a lo que a otros les gustaría que hicieras. No busques la aprobación de nadie, solo busca tu propia aprobación.

Acepta lo que te gusta. Muchas veces no aceptamos lo que nos gusta por miedo, por no defraudar y estar a la altura de nuestro entorno o incluso por creer que deberíamos estar a una determinada altura, lo que nos impide saber lo que nos gusta.

Por favor, reflexiona sobre lo que te gusta y escríbelo en la siguiente línea, aunque solo sea la temática:

Una vez que sabes lo que te gusta, tienes que descubrir aquello que se te da bien, aquello en lo que te sabes desenvolver con ligereza y armonía.

¿En qué te desenvuelves como pez en el agua? ¿Qué es aquello que se te da bien? —Si quieres tener alguna pista, pregunta a tu entorno—:

Por supuesto que el mundo no está diseñado para nosotros y no es fácil encontrar algo que nos apasione y se nos dé bien, pero el mero hecho de hacer el ejercicio, de pensar en lo que nos gusta y lo que se nos da bien, hará que tengamos más claro el propósito de nuestra vida.

Ahora bien, si quieres aspirar a ser una persona brillante, trata de que tu propósito deje el mundo mejor de como te lo encontraste. Te animo encarecidamente a que trates de encajar tu propósito de la vida en esta dirección.

Ya vimos cómo podíamos clarificar nuestro propósito en la vida, pero vuelvo a incluir el diagrama porque puede que ya no seas la misma persona de aquel entonces:

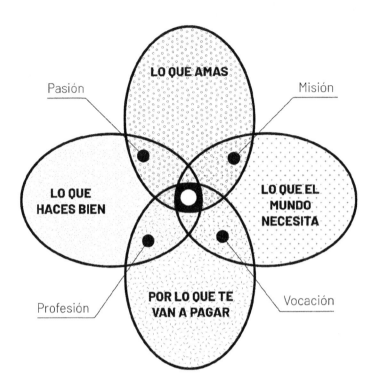

Ahora bien, una vez que sabes lo que te gusta/apasiona, tienes aptitudes para ello y dejas el mundo mejor de lo que estaba, ¿qué vas a hacer?

POTENCIAR TU PROPÓSITO EN LA VIDA

Trabaja con pasión, exprime aquello que te gusta —serás más feliz—. Nunca pares de aprender de aquello que se te da bien. De esta forma, te convertirás en un auténtico fuera de serie, VIVE CON ESTA ACTITUD, no seas un mediocre.

Así que empieza a explorar distintos caminos, empieza a quemar distintos cartuchos, HAZLO, no lo dudes y aprende qué es lo que te gusta y qué es lo que no te gusta.

Cuando encuentres tu propósito en la vida, no pienses en si tiene futuro o no, o si vas a conseguir más dinero o menos. HAZLO, DEDÍCATE A ELLO. No solamente hablo de la parte laboral, sino en todos los sentidos: tus aficiones, tus inquietudes, HAZLO. Es tu propósito en la vida. Tienes que buscar la felicidad en tu interior.

Tú eres el dueño de tu destino, con tus decisiones, hechos y acciones que vas tomando. Tú estás continuamente recorriendo tu camino, tu viaje de la vida. Nadie, absolutamente nadie, salvo tú, vive tu propia vida. Solo tú sabes tus secretos más profundos, solo tú tomas decisiones. El resto de las personas que te rodean podrán ponértelo más fácil o más difícil, pero, al final, el que recorre el camino, el que toma las decisiones, eres tú y solamente TÚ. Tú eres la persona más importante de tu vida y así le podrás dar la importancia real a todas las personas de tu alrededor. Tienes que tener claro:

Primero, que tú diriges tu vida.

Segundo, hacia dónde quieres dirigirla.

Eres tú la persona que acaba tomando las decisiones y eres tú la responsable de tus actos.

Tú eres la persona que recorre el camino de la vida y SOLO depende de TI qué camino escoger

**«Somos dueños de nuestro destino.
Somos capitanes de nuestras almas»**
Winston Churchill

Y por último…

«Si la oportunidad no llama, construye una puerta»
Milton Berle

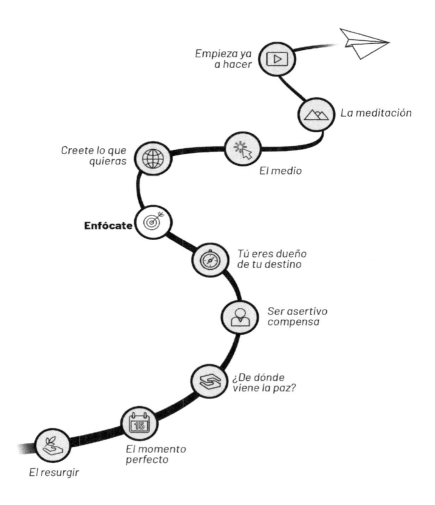

Empieza ya a hacer

La meditación

Creete lo que quieras

El medio

Enfócate

Tú eres dueño de tu destino

Ser asertivo compensa

¿De dónde viene la paz?

El momento perfecto

El resurgir

ENFÓCATE

En esta parada del viaje entenderemos dónde tenemos que poner nuestro foco principal de energía.

Nuestro foco, es decir nuestra atención, lo tenemos que poner principalmente en la actitud que tenemos ante la vida.

En segundo plano, que también es muy importante, estarán: la planificación del tiempo, la resolución de los problemas, las relaciones sociales, expresar nuestras emociones, etc.

Nuestra atención a partir de ahora no estará en los problemas, sino en cómo los afrontamos, cómo los miramos, cómo nos hacen fuertes y crecemos gracias a ellos.

Antes de entrar en detalle en nuestra actitud vamos a entender:

¿Por qué tenemos que poner el foco en nuestra actitud?

Porque de esta manera, no solo encauzaremos nuestro subconsciente, sino que también centraremos el tiro de nuestra mente consciente en aumentar nuestra seguridad, nuestra confianza y nuestra autoestima. Definitivamente estaremos en el camino de sentirnos poderosos y poderosas y estaremos preparados para cualquier circunstancia que nos encontremos y superar cualquier drama del pasado.

La actitud para el mondiador es la espada del gladiador o la energía que desprende el monje.

Hay que recordar que el subconsciente está programado para sobrevivir y gastar la menor energía posible. Por eso, vamos a reconducirlo hacia donde nosotros queramos y no hacia donde él quiera.

Iremos, poco a poco, descubriendo el sentido de la actitud.

Ante cualquier problema que te surja, no esperes a que el problema llegue para luego prepararte para superarlo. No, querido viajero, tienes que estar preparado, de forma continua, ante la vida. Tienes que forjarte como persona física y mentalmente, tienes que crecer como persona, anticiparte a los obstáculos y utilizarlos para crecer más aún.

Además de hacerte fuerte y sereno, tienes que sentirte así y hacerte un auténtico mondiador de los pies a la cabeza.

Cuando una persona se siente serena, con templanza, fuerte, con ilusión, con ganas y segura de sí misma, se come el mundo. No te quepa duda. Para sentirse así debes tener un gran control sobre tu actitud.

¿Qué tienes que hacer TÚ para conseguir una vida plena? Con esto nos referimos a saber adelantarte a los acontecimientos futuros, a llegar a conseguir lo que para ti es el éxito, también evitar sufrimientos innecesarios y victimismos, estar en el camino de la felicidad, centrarte en las soluciones y no en los problemas.

SÍ, centrarte en TU ACTITUD, pero hasta el punto de que lo sientas, de QUE LO ¡VIVAS! De esta forma estarás dominando tu subconsciente primitivo, del que ERES DUEÑO, con el que MANEJAS EL TIMÓN DEL BARCO y con el que DIRIJES las riendas de tu vida.

Porque si no, será tu subconsciente el que te irá dirigiendo en su forma primitiva. Te impedirá enfocarte en la dirección en la que realmente quieres dirigir tu vida, en conseguir tus éxitos, y te hará cosechar fracasos.

Y para conseguir ser el dueño de tus emociones, tendrás que esforzarte. Cuando tengas momentos de bajón y momentos negativos, tendrás que tomar consciencia del momento. Algo en tu cabeza tendrá que pitar y susurrarte: «¡Tranquilidad! Párate, tómate tu tiempo y piensa».

¿Quién es el primero en decirme: «Sí, claro, ¡en mis momentos de bajón no tengo otra cosa que hacer que pararme a pensar!».

¿Algún voluntario?

Señoras y señores, diferenciemos entre un momento de bajón y un drama.

Aprendamos a darle importancia a lo que es realmente importante.

Aprenderemos a relativizar sobre qué es lo importante siendo cada día un poco más reflexivos, pensando sobre nosotros y nuestras acciones y ver qué transcendencia realmente tienen nuestras acciones. Si compensa realmente permitir que determinadas acciones perturben nuestra paz interior.

Ejemplos de estas acciones hay miles en el día a día: las prisas, el estrés, enfados con nuestra familia, con nuestra pareja, con nuestros amigos, alterarnos en el trabajo, no conseguir determinados objetivos —sin ver el aprendizaje intrínseco—, tener miedos absurdos, perder la ilusión, etc.

Es muy importante, que cuando hicimos algo bien en el pasado, superamos dramas, resolvimos algún problema de manera proactiva o respondimos de manera asertiva a alguna situación lo recordemos desde el «aquí» y el «ahora». Al recordar desde el momento presente aquellas situaciones positivas y de superación convertiremos en un hábito el responder de una manera positiva los problemas.

Centrándonos ahora en nuestra actitud:

¿Recuerdas cuáles eran tus metas en la rueda de la vida? Trata de reescribirlas y pon el foco en la solución, de esta forma harás un ejercicio de cómo cumplir tus objetivos.

Metas: **Solución:**

Pongamos un ejemplo para entenderlo:

Imagina que vas conduciendo por la carretera y te quedas sin gasolina.

Tu primer pensamiento no será: «Vale, me resigno a quedarme en medio de la carretera». No tienes por qué aceptar una situación de vida desagradable. Tampoco tendrás que autoengañarte y decirte que no hay nada de malo en quedarse tirado en la carretera. No es así.

Reconoces inmediatamente que quieres salir de la situación y a continuación enfocas tu atención en el momento presente sin poner ninguna etiqueta mental. No ofreces resistencia mental ni emoción negativa. NO TE HABLAS MAL, aceptas el momento, te pones en acción y haces todo lo posible por repostar gasolina. A esta acción se le llama ACCIÓN PROACTIVA.

«Utiliza la acción proactiva con cada piedra que te encuentres en el camino»
Alberto Peña

Ahora escoge uno de tus problemas —sí, uno de esos de los que te va a hacer aprender y ser más fuerte— y en el párrafo siguiente donde pone [   ], escribe el problema escogido.

[   ] ES INSUPERABLE

ES ABSURDO PENSAR QUE

VOY A PODER SOLUCIONAR [   ]

TENGO QUE RENDIRME Y DEJAR DE LUCHAR

SE EQUIVOCAN AQUELLOS QUE CREEN QUE

TODO ESTE ESFUERZO MERECERÁ LA PENA

¿Duro? ¿Aplastante? ¿Desmotivador?

Ahora léelo de nuevo empezando las frases de abajo hacia arriba.

¡Mismo problema, pero distinta ACTITUD! El problema sigue siendo el mismo, el que ha cambiado la forma de ver el problema eres TÚ.

No te molestes porque una rosa tenga espinas, alégrate porque unas espinas vengan con una rosa y un pasito más allá: ¡Qué bonita es la rosa con espinas! —porque la aceptas tal y como es y te das cuenta de que la vida y la naturaleza es realmente maravillosa en todo su ser—.

Siguiendo con nuestro «problema», ahora lo meteremos en un rectángulo.

PROBLEMA

¿Desde qué perspectiva estás mirando el problema? Veamos.

¿Desde abajo, de forma derrotada, O TE ESTÁS ESFORZANDO PARA SUBIR LA ESCALERA Y VER AL PROBLEMA DE TÚ A TÚ?

La respuesta no está en el problema, está en tu actitud y en trabajar en ella día a día, enfocándonos en ella.

Si el problema al que te enfrentas es demasiado grande para abordarlo, hazlo más pequeño y divídelo en problemas más pequeños. Así los podrás abordar de uno en uno.

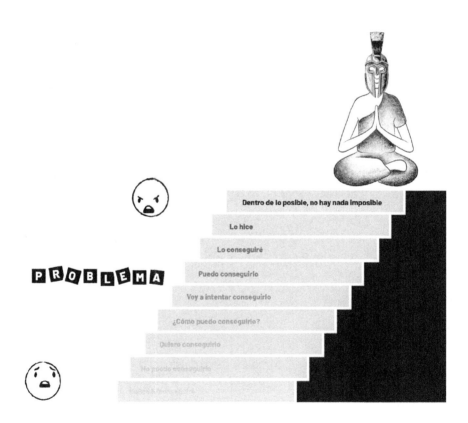

Pero… nunca bajes la escalera. Enfócate en tu actitud, mantente firme, sigue arriba y no bajes la guardia.

Cuando estás en la parte de debajo de la escalera todo se ve difuso. Haz el esfuerzo de subir los peldaños y mantenerte siempre lo más arriba posible. Habrá momentos de bajón, pero esfuérzate en mantenerte arriba y fuerte. Así podrás solventar todos los problemas que se te pongan por delante de una manera más rápida y eficaz.

«Las personas brillantes saben que dentro de lo posible no hay nada imposible»
Anónimo

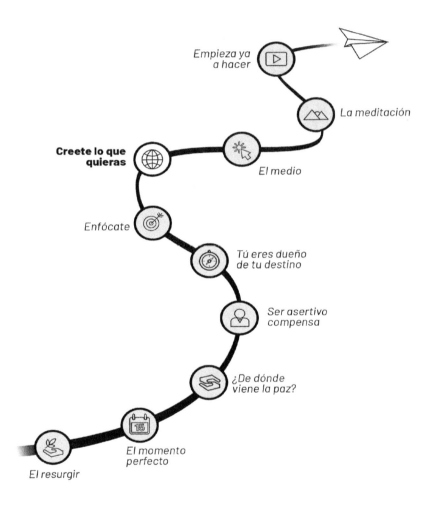

Empieza ya
a hacer

La meditación

**Creete lo que
quieras**

El medio

Enfócate

Tú eres dueño
de tu destino

Ser asertivo
compensa

¿De dónde
viene la paz?

El momento
perfecto

El resurgir

CREÉTE LO QUE QUIERAS

Tanto si crees que puedes hacer una cosa como si crees que no, ya sabes que estás en lo cierto.

En esta parada del viaje aprenderemos a creer más y mejor en aquello en lo que realmente queremos creer. Es decir, no dejaremos a nuestros miedos y nuestras inseguridades la opción de hacernos creer en algo que realmente no queremos creer.

Para empezar, lo que ves en tu exterior es el reflejo de lo que vives en tu interior.

Si cambias tu interior, verás cómo cambia tu exterior. No te enfoques en tu alrededor, enfócate en tu interior, tal y como vimos en la parada anterior.

Ten claro que si TÚ CREES EN TI NADA NI NADIE LOGRARÁ DETENERTE.

Volviendo a una de las paradas del viaje, a las creencias limitantes, recordaremos ¿qué es tener fe?

Tener fe es cuando crees, confías o asientes sobre algo o sobre alguien, antes incluso de tener cualquier evidencia.

Crees en ello antes de verlo, por ejemplo, cuando SABES que puedes conseguir tus objetivos antes de conseguirlos, pese a todas las dificultades que te encuentres por el camino.

Cuando aún no lo tienes y sabes que lo vas a tener.

Cuando aún no lo vives y sabes que vas a vivirlo.

Trabaja tu fe, trabaja en esa creencia motivadora de creer en ti mismo. Esfuérzate en tener fe, en los momentos más complicados, busca y encuentra la fe.

«Al final eres y serás lo que crees que eres»
Anónimo

Lo importante es como te ves tú, no cómo te ven los demás.

Tienes que creer en ti antes de conseguir algo. Antes de empezar a andar el camino, tienes que sentir que vas a conseguirlo.

¿Cómo cambiar tus creencias?

Lo primero que tienes que saber es que creer en uno mismo no es un hecho ni un objetivo, es un modo de vida. Lo que nos ocurre muchas veces es que intentamos creer en nosotros mismos como si nos fuera a venir a futuro y como no lo conseguimos nos frustramos y tiramos la toalla. Perdona que te lo diga: CREERTE LO QUE VALES ES UNA ACTITUD, no busques creértelo, busca ADOPTAR ESTA ACTITUD como filosofía de vida.

¿Cómo conseguir la actitud de creer en uno mismo?

Ya has aprendido mucho en este viaje sobre cómo cambiar tu actitud. Para empezar, dedícate tiempo a ti. Obsérvate, ve cada problema como un reto, intenta mejorarte continuamente día a día. Sé ambicioso en su justa medida, háblate a ti mismo de forma positiva, aprende a tener paciencia, a ser persistente. Si tienes miedo a hacer algo, ¡hazlo con miedo! y aprende de ello. En determinados momentos acuérdate de ti mismo cuando has conseguido solucionar ciertos problemas.

Como no trates de esforzarte en seguir y conseguir las acciones descritas en el párrafo anterior, olvídate de creer en ti.

No trates de conseguir tus metas, VÍVELAS.

Pongamos un ejemplo muy sencillo. Imagina que tu propósito en la vida es ser pintor de cuadros. ¿Cómo consigues ser y creer en ser el mejor pintor de cuadros que puedes llegar a ser? Tu único rival eres tú.

¿Leyendo 10 min cada día las últimas tendencias de pintura? Por favor, no seas mediocre que aquí vamos en serio.

Trata de pensar como un pintor, actuar como un pintor, vestirte como un pintor. Conságrate a la vida de pintor, y si algún aspecto no lo sabes, busca y encuentra esa información. Estamos en la era digital en la que disponemos de una grandísima cantidad de información a nuestro alcance.

Mientras actúas como un pintor, te llamarán loco, chiflado y cuantas críticas oportunas, pero... efectivamente TÚ SABES QUE VAS A SER EL MEJOR PINTOR QUE PUEDES LLEGAR A SER. La gente ya te empieza a ver como un pintor y, lo más importante, TÚ TE SIENTES COMO UN PINTOR, EMPIEZAS A CREERTE QUE VAS A SER UN GRANDÍSIMO PINTOR. Que las críticas realimenten tus ganas de seguir aprendiendo.

Dedica todo el tiempo que puedas a la pintura, no pares de pintar, no pares de fallar y aprender, aprende a intentar fallar cada día un poquito menos y no pares. Vive cada día con ese aprendizaje y sigue hacia adelante. Que nada ni nadie te aparte de tu objetivo, que es vivir cada día sintiéndote el mejor pintor que puedes llegar a ser. No dejes que nadie te aparte de tu camino. Ahora ya estás en un punto en el que las personas de tu alrededor, o te aportan o se apartan. Sigues viviendo cada pincelada, cada aprendizaje nuevo, nuevas técnicas, nuevos proyectos. Aunque pienses que no tenga futuro, vive el viaje en cuerpo y alma. Es TU VIAJE Y ES TU VIDA. Sigue aprendiendo, sigue pintando tus propios cuadros. Empezarás a venderlos en el vecindario, consiguiendo miniéxitos. Que los tendrás que celebrar y cada uno de la manera que considere oportuna, teniendo mayor seguridad y ambición para conseguir más miniéxitos. También habrá momentos de bajón, de desilusión, en los que pienses que no vales para ello y de que la gente te diga que no es lo tuyo. Pero ¿tú quieres ser pintor? Pues sigue DISFRUTANDO DEL VIAJE, aunque sean verdaderas obras abstractas.

Llegado a este punto, tu subconsciente sabe perfectamente que eres un auténtico pintor. Ya te crees que eres un pintor, te lo crees desde el momento en que decidiste que tu propósito en la vida era dedicarte a la pintura, desde ese momento ya te lo empezaste a creer.

Ojo, muy importante, una vez que has andado el camino, de verdad, pensando, sintiendo, viviendo, actuando como un pintor, si en esta situación descubres que tu vocación no es la pintura, ¡qué gran éxito habrás conseguido! Y te lo digo así de claro y en toda tu cara. ¡QUÉ VERDADERO TRIUNFO! No es un fracaso en absoluto y te demuestro por qué.

Has vivido un viaje haciendo lo que te gustaba y los gustos pueden cambiar. Has aprendido muchas técnicas, no solo de pintura, sino de la vida, la paciencia, la motivación, la disciplina, la crítica, la autocrítica, has evolucionado y mejorado. Si has tenido y tienes este hábito de vida, has llegado a un punto en el que, si te echan a los leones, ¡TE LOS COMES! ¿Es eso un fracaso? NO, es un auténtico TRIUNFO.

¿Cuál sería el fracaso?

El fracaso real hubiera sido no haber intentado ser pintor.

Por tanto, persigue tus sueños en la vida, si cambias de sueños, persíguelos, créetelos, vívelos y consíguelos.

Las personas que consiguen sus sueños han fracasado más veces que aquellos que no lo han intentado.

Ahora cambia el ejemplo de pintor, por tu propósito vital. Y esa actitud será la que te haga cambiar la forma de ver la vida.

¿Que cuesta esfuerzo, recursos, dedicación y tiempo?

Elige entre eso o ser uno más del cementerio que no persiguió sus sueños.

«Si puedes soñarlo, puedes lograrlo»
Walt Disney

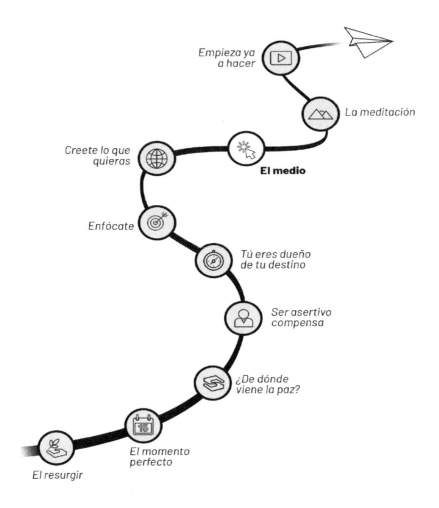

Empieza ya
a hacer

La meditación

Creete lo que
quieras

El medio

Enfócate

Tú eres dueño
de tu destino

Ser asertivo
compensa

¿De dónde
viene la paz?

El momento
perfecto

El resurgir

EL MEDIO

Vivimos en una sociedad y en un sistema exigentes. Nos demandan atención, dedicación y tiempo para poder contribuir al desarrollo del propio sistema. De ahí vienen el estrés, las prisas, las tareas del día a día, el trabajo, los deberes, las tareas del hogar, los compromisos, los obstáculos inesperados de la vida y un largo etcétera. Todo este trasiego nos perturba nuestro día a día centrándonos cada vez más en nuestro entorno y olvidándonos de nosotros mismos —de forjar a nuestro monje y a nuestro gladiador—.

Pero hay un aspecto clave que no tenemos que pasar por alto, si la máquina no está preparada, revisada y mantenida al 100 %, no podremos dar lo mejor de nosotros mismos en cada actividad y en cada momento.

Y esa máquina eres TÚ.

Pero, en esta parada del viaje, nos centraremos en un TÚ diferente del que nos hemos centrado durante el viaje: el cuerpo humano.

Nuestro organismo es la estructura física en la cual convergen todos los sistemas: digestivo, nervioso, respiratorio, circulatorio, endocrino, óseo, muscular, excretor, reproductor, linfático, integumentario, inmunológico y hematológico.

Debemos tener claro que cuanto más nos esforcemos en preparar, mantener, desarrollar y cuidar nuestro cuerpo, mejor funcionaremos. No solo eso, sino que nuestra salud y bienestar van a mejorar. Nos sentiremos mejor, tendremos mayor rapidez de pensamiento, aumentará nuestra satisfacción personal y antes podremos conseguir lo que para nosotros es el éxito.

Para preparar, mantener, desarrollar y cuidar nuestro cuerpo nos centraremos, en esta parada del viaje, en tres pilares principales:

Alimentación – Ejercicio – Descanso

ALIMENTACIÓN

Empezamos con la alimentación. Prácticamente todos sabemos cuáles son las bases de una correcta alimentación. Mucha presencia de frutas y verduras, cereales, alimentos integrales y proteínas, principalmente del pescado. No abusar de la carne roja, ni de los huevos y del alcohol; evitar consumir productos procesados y bollería industrial todo lo posible.

Déjame resaltar la importancia de incluir en la dieta el omega 3 —ya sea a través de los pescados o a través de suplementos alimenticios—, ya que frena los efectos inflamatorios de las sustancias que genera nuestro organismo.

Como vimos desde el principio, cada persona es única y cada uno tenemos nuestras tolerancias y dificultades —e incluso creencias— para poder alimentarnos; pero, perdona que te lo diga, esto no implica que nuestra dieta no pueda ser equilibrada. A pesar de las dificultades que tengamos, lo mejor que podemos hacer es ponernos en contacto con un experto en nutrición y dietética, que nos haga una dieta acorde a nuestras necesidades y más importante aún, HACERLA y seguirla día a día sin salirnos del camino en la medida de lo posible.

Ahora bien, ¿tu dieta se basa en los pilares de una correcta alimentación o en la dieta de un experto? O, por el contrario, solamente la sigues de vez en cuando y crees falsamente que la sigues. ¿Te paras realmente a pensar lo que comes y qué alimentación tienes?

Si tu caso es que sigues y HACES una dieta equilibrada o basada en la opinión de un experto, te felicito por ello y te animo a que sigas haciéndolo.

Si tu caso es que sigues la dieta de vez en cuando, no analizas lo que comes ni reflexionas sobre cómo tener una dieta equilibrada, lamento decirte que eres un mediocre con tu alimentación. Sí, ya es hora de que lo reconozcas, tu dieta no es equilibrada y siempre pospones tu salud, tu rendimiento y tu éxito. Lo pospones fundamentalmente por dos razones:

1. Porque tu cerebro prefiere comer lo que le gusta antes de lo que le beneficia —se alimenta de glucosa—.

2. En el entorno en el que vives es más complicado llevar una dieta saludable porque recibimos continuamente anuncios, publicidad de alimentos ultraprocesados que nuestro cerebro acaba prefiriendo.

Para conseguir llevar una dieta saludable debes desarrollar tu control emocional, no ingerir lo primero que el cerebro quiera y esforzarte en incluir en tu día a día las bases de una dieta saludable.

Sí, a día de hoy, nuestro control emocional con la comida es bajo y estamos acostumbrados a alimentar el cuerpo y el cerebro con grandes cantidades de alimentos no beneficiosos. Lo que tenemos que hacer ahora es empezar a ser conscientes de que llevamos una vida perjudicial, que podría ser mucho mejor, y empezar a reducir la ingesta de este tipo de alimentos sabiendo que tenemos que comer los mínimos posibles, y a poder ser, ninguno.

Recuerda:

Con el próximo bollo industrial, alimento ultraprocesado o bebida alcohólica, estarás comprando papeletas para que te toque el próximo cáncer.

Te lo digo desde el cariño, a ver si así reduces su ingesta.

EJERCICIO

Dejemos algo claro desde el principio: el cuerpo humano no está diseñado para el mundo actual. El cuerpo humano no ha evolucionado igual que ha evolucionado la mente humana.

No está diseñado para estar sentado durante diez horas seguidas cada día. Sigue diseñado para correr delante de los leones o para subirse a los árboles a por frutos silvestres; por eso, tenemos que ser conscientes de lo que tenemos que hacer para mantenerlo en buen estado.

Uno de los factores para mantener el cuerpo lo mejor posible es el ejercicio físico.

No voy a entrar en detalle sobre cuál es el tipo de ejercicio físico idóneo, pero sí te animo a que realices ejercicio de manera regular; como mínimo tres veces por semana. Si tienes dudas sobre el tipo de ejercicio idóneo para ti, te aconsejo que te pongas en manos de un experto.

De lo que sí hablaremos es, a grandes rasgos, de los beneficios que nos aporta tener una actividad rutinaria de ejercicio físico.

Beneficios físicos:

• Mejora la forma y la resistencia física.

• Regula la presión arterial.

• Mantiene la densidad ósea y fortalece cartílagos, ligamentos, tendones y músculos aumentando la calidad de vida tanto a corto como a largo plazo.

• Mejora la resistencia a la insulina.

• Ayuda a disminuir el colesterol total.

• Mejora la tolerancia a la glucosa, favorece el tratamiento de la diabetes y disminuyen los problemas gástricos.

- Mejora la movilidad de las articulaciones, lo que impide el desarrollo de enfermedades inflamatorias.

- Mejora la flexibilidad.

- Reduce la sensación de fatiga.

- Disminuye la frecuencia cardiaca en reposo y aumenta la eficacia cardiaca.

- Mejora la circulación en los vasos sanguíneos, lo que reduce la posibilidad de aparición de coágulos que puedan desencadenar infartos y trombos.

- Mejora la secreción de hormonas que favorecen nuestra salud, bienestar y la respuesta inmunitaria ante infecciones.

- Favorece una vida sexual plena.

- Existe una relación inversa entre ejercicio físico y tabaquismo; es decir, reduce el consumo de tabaco.

Mejora el sueño. Creemos que el ejercicio físico solo aporta beneficios físicos, a continuación, veremos los importantes beneficios psicológicos que tiene.

Beneficios psicológicos:

- Aumenta la autoestima.

- Mejora la autoimagen.

- Disminuye la tensión y el estrés.

- Reduce los niveles de depresión.

- Ayuda a relajarse.

- Disminuye el aislamiento social.

- Disminuye el grado de agresividad, ira y angustia.

- Aumenta el estado de alerta.

- Ayuda a mantener una disciplina en todos los sentidos, pudiendo alcanzar antes muchos aspectos comentados en las paradas anteriores del viaje.

- La ciencia ha demostrado que la realización rutinaria de ejercicio físico está directamente relacionada con la felicidad.

- Hay que dejar claro que la salud física y mental están directamente relacionadas con el ejercicio físico. Si haces ejercicio de manera regular, mejorarás y desarrollarás tu salud mental —entre otros el control mental y emocional— y cada vez, te costará menos esfuerzo hacer ejercicio.

Perjuicios de realizar ejercicio físico:

- Aparte de alguna molestia muscular u ósca derivada de no realizar el ejercicio correctamente —a veces en exceso— o no hacerlo acorde a nuestras necesidades y exigencias, no existe ningún perjuicio a la hora realizar ejercicio físico. Recuerda que el cuerpo está diseñado para ello.

¿Qué ocurre si no realizas ejercicio físico de forma rutinaria?

Que te pierdes todo lo anterior. ¿Estás dispuesto a perdértelo? ¿Eres una persona tan gris que, por no superar la apatía, la pereza o la flojera estás dispuesto a perderte TODOS LOS BENEFICIOS ANTERIORES?

**«Si no sacas tiempo para el deporte,
acabarás sacándolo para la enfermedad»**
Anónimo

¡Que tus razones estén por encima de tus excusas; mueve el culo!

DESCANSO

Como último pilar del cuidado del cuerpo humano hablaremos del descanso.

El descanso es fundamental para que el cuerpo funcione de la mejor manera posible. No solo es fundamental tener un descanso nocturno, sino también durante el día. En aquellos momentos en los que nos sintamos desbordados o superados estamos poniendo el cuerpo en tensión. Para no llegar al colapso emocional debemos tomarnos unos minutos para relajar el cuerpo.

Beneficios de un correcto descanso:

- Mejora el aprendizaje y la memoria.

- Fortalece el sistema inmunitario, ya que influye de forma directa en distintos procesos homeostáticos.

- Reduce la tensión del cuerpo; durante el descanso se regeneran los tejidos del cuerpo humano.

- Mejora el metabolismo y disminuye el gasto energético durante las horas de sueño, lo que aumenta la energía para las funciones reparadoras del cuerpo humano.

- Mejora la frecuencia cardiaca y disminuye la secreción de hormonas relacionadas con el estrés.

- Favorece la secreción de hormonas de crecimiento y regeneración.

- La ciencia ha demostrado que un correcto descanso está directamente relacionado con los niveles de felicidad.

Perjuicios de un correcto descanso:

- Ninguno.

El efecto rebote aparece y los perjuicios se multiplican si no tienes un buen descanso, porque además de no obtener los beneficios citados anteriormente se ha demostrado que aumentan las probabilidades de sufrir depresión, ansiedad e irritabilidad.

No te voy a decir lo que eres si no tratas de descansar correctamente.

Unifica y consigue los beneficios de:

- Una correcta alimentación.

- Realizar ejercicio de manera asidua.

- Descansar de forma correcta.

Así darás un salto de calidad de vida BRUTAL y verás tu existencia de manera más positiva. Por ello, te recomiendo encarecidamente que hagas un esfuerzo y te ocupes de tu salud y bienestar, para lograr enormes beneficios tanto a corto como a largo plazo.

«No es verdad que la gente pare de perseguir sus sueños porque sean mayores, se hacen mayores porque dejan de perseguir sus sueños»
Gabriel García Márquez

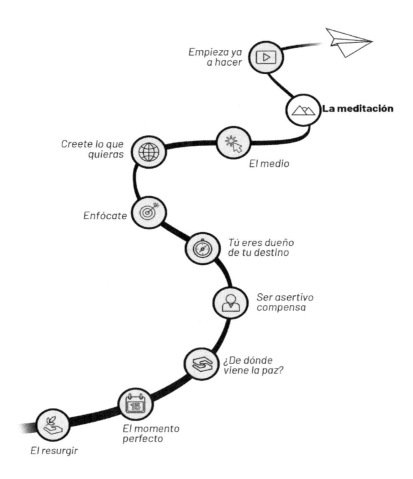

Empieza ya
a hacer

La meditación

Creete lo que
quieras

El medio

Enfócate

Tú eres dueño
de tu destino

Ser asertivo
compensa

¿De dónde
viene la paz?

El momento
perfecto

El resurgir

LA MEDITACIÓN

Le toca el turno a uno de los aspectos claves de la superación personal. Sin embargo, por su naturaleza y su parte más mística, muchas personas no tratan ni siquiera de conocer lo que realmente es.

En este capítulo, desmenuzaremos poco a poco qué es la meditación.

La meditación como concepto consiste en tomar consciencia del momento presente; es decir, centrar tu atención en cualquier elemento, en el aquí y el ahora.

Mediante una serie de técnicas sencillas se promueven la relajación y el impulso de la energía interna para desarrollar el amor en su estado más puro, la paciencia, la compasión, la generosidad y el perdón, entre otros.

Quizás, en este punto, la definición de meditación todavía sigue siendo un poco ambigua y difícil de «ver». Sigamos adentrándonos un poco más.

En primer lugar, comparemos la meditación con el deporte —solo como parte saludable física y mentalmente—, ambos son un ejercicio que se aprende poco a poco hasta conseguir perfeccionar la técnica. No puedes pasar de no correr en un año a correr una maratón en una semana, al igual que no puedes pretender que, si nunca has meditado o meditas muy poco, de la noche a la mañana medites como los monjes budistas.

La técnica la irás perfeccionando poco a poco.

Por ello, tendrás que APRENDER A MEDITAR.

Pero antes de aprender a meditar, necesitas preparar tu mochila de deporte. En el caso de la meditación necesitas un lugar tranquilo, ropa cómoda y un asiento confortable —estamos preparando el subconsciente—.

Una vez que has preparado tu espacio de meditación, necesitas preparar un espacio de tu mente, tu atención y tu enfoque. No tienes que preocuparte en conseguir un momento ZEN, ni pensar en conseguir el tercer chakra, todo eso llegará más adelante. De momento, empezaremos por algo muy sencillo.

Para empezar a meditar, procúrate un espacio correcto y tu atención.

De esta forma, con la atención, tomarás consciencia del momento presente.

¿Dónde ponemos la atención?

Podemos poner la atención en algún objeto físico externo a nosotros —como una vela— o en nuestro cuerpo. Son elementos del momento presente. Es muy recomendable centrar tu atención en la respiración, en observar cómo inhalamos y exhalamos, en sentir la respiración en nuestros pulmones, pecho, traquea, faringe y nariz.

Una vez tenemos puesta la atención en la respiración, nos iremos relajando gradualmente hasta llegar a un estado de relajación y bienestar más profundo llamado estado alfa.

Como pasos de inicio:

Atención → Relajación → Relajación profunda.

Haremos un pequeño ejercicio, muy sencillo con el que verás los resultados desde el primer momento.

A medida que vayas leyendo, haz cada paso del ejercicio.

INTRODUCCIÓN A LA RELAJACIÓN PROFUNDA CONSCIENTE:

- Prepara un lugar tranquilo, sin molestias, luz tenue, con una barrita de incienso si te gusta —pero ¡hazlo! Si estás en otro tipo de ambiente, no hagas el ejercicio. Las cosas o se hacen bien o no se hacen—. Mientras preparas el ambiente, respira cada vez de un modo más relajado.

- En aquellos recovecos donde se refleje la luz, siente que la luz no te molesta porque es suave.

- SIENTE el olor a incienso.

- Siéntate en una posición cómoda —ya sea en una silla o en el suelo con un cojín—.

- Céntra tu respiración en 2 o 3 inhalaciones y exhalaciones.

- Coge el libro con una mano, pon la otra con la palma hacia arriba.

- MIRA tu mano y siéntela, observa cada pliegue y empezarás a notar un leve hormigueo.

- Mantén la ATENCIÓN en ese hormigueo durante un minuto y sigue respirando suavemente.

- Es probable que te lleguen pensamientos a la mente, no trates de quitártelos, déjalos que se vayan con fluidez, así como han entrado que salgan. Sigue poniendo tu atención en la mano.

- Ahora ve recorriendo con la mente cada dedo, tranquilamente, en el orden que tú quieras. Dedícale unos 15 segundos aproximadamente a cada uno y SIENTE cómo se van liberando las tensiones gracias al hormigueo.

- Una vez que hayas recorrido todos, céntrate en la palma de tu mano y notarás que está relajándose profundamente.

- Siente cómo esa sensación de tranquilidad y paz se traslada a todo el cuerpo.

Acabas de relajar de un modo profundo una parte de tu cuerpo y lo has hecho conscientemente. ¿Te imaginas hacer esto con todo tu cuerpo?

Acabamos de hacer una introducción breve al mundo de la relajación y de la meditación para estar presentes en el aquí y el ahora. Quizás hayas tenido pensamientos que revoloteaban por la mente, pero, con la práctica, cada vez que lo hagas conseguirás tener una sensación de paz y tranquilidad mayor.

Este ejercicio ha sido sencillo y nos hemos centrado en la mano, una de las partes del cuerpo en la que más sensibilidad y atención podemos poner. Pero con la práctica podemos relajar TODO el cuerpo, incluso órganos como el estómago o el colon, por poner algún ejemplo.

Por eso te propongo que todas las noches hagas esta relajación de todo el cuerpo.

RELAJACIÓN PROFUNDA DEL CUERPO:

- En la cama, antes de dormir, túmbate boca arriba y cierra los ojos. Durante todo el proceso respira lentamente. Inhala por nariz o boca y exhala solo por la nariz.

- Empieza a enfocar tu mente en cada parte de tu cuerpo —entre 10 y 15 segundos en cada zona— y vete recorriéndolo de arriba hacia abajo.

- Empieza por tu cabeza, cuello, hombros, brazos, pecho, estómago, espalda, cadera, muslos, pantorrillas y pies.

- Siente el hormigueo en cada zona y trata de sentir la energía con la mayor intensidad que puedas.

- Una vez que has recorrido todo tu cuerpo, intenta que tu mente lo recorra todo como si fuera una ola; si lo haces a medida que exhalas el aire, la sensación de bienestar será mayor. Hazlo durante un minuto aproximadamente.

- Permanece en esa sensación de relajación y plenitud pura que tienes internamente, que te rodea y, finalmente, duérmete.

Las primeras veces que realices este ejercicio seguramente te duermas antes de llegar al final. Es normal, tienes que entrenar la mente y encaminarla en la vía de la meditación y la relajación. También es normal que te aparezcan pensamientos, no trates de luchar contra ellos, sino de ser observador de tu mente y contemplar que igual que vienen se van. Con la práctica tendrás cada vez menos parloteo mental.

«El hábito hace al maestro»
Anónimo

Otra relajación muy interesante podemos hacerla mientras nos duchamos.

RELAJACIÓN DE LA DUCHA

- Lo primero que tienes que hacer es preparar el ambiente: coge unas velas, pon un poco de incienso y música relajante.

- Utiliza agua tibia para ducharte.

- Proyecta el chorro de agua en la parte baja de tu cuello y en la espalda.

- Siente cómo todas las tensiones de tu cuerpo son arrastradas por el agua.

- Utiliza jabones con aromas relajantes como la lavanda.

- Sécate con una toalla muy suave —incluso utiliza una toalla exclusivamente para cuando quieras relajarte—.

- Aplícate aceites o crema para el cuerpo cuando termines para que se te quede la piel suave e hidratada.

Date duchas relajantes cuando quieras. Mímate un poco de vez en cuando, también es necesario que nos mimemos a nosotros mismos.

Para profundizar más en la relajación y meditación, existen meditaciones guiadas en internet. Te recomiendo las meditaciones guiadas de Luis Pérez Santiago, así como te animo a que sigas su método: «Todo es posible».

Otro tipo de meditaciones, como pintar cuadros con números o mandalas, te hacen estar en el aquí y el ahora, te ayudan a estar en calma y te relajan mentalmente.

¿Cuáles son los beneficios de la meditación?

- Te permite conectar con mayor fuerza con tu subconsciente.

- Te ayuda a tener un mayor control mental y de tus emociones.

- Conseguirás antes lo que para ti es el éxito.

- Te inspira emociones positivas.

- Logras un descanso mucho mayor, relajas la mente conscientemente.

- Te ayuda a enfocarte en tus objetivos.

- Aclara tu mente.

- Te ayuda a estar en calma.

- Reduce el parloteo mental y emocional.

- Incrementa tu capacidad para aprender más y mejor.

- Encontrarás el perdón de tu pasado, transformándolo en un maestro y no en un lastre.

Inconvenientes:

- En algunos estudios publicados se dice que la meditación puede dar lugar a ansiedad y estrés, esto solo ocurre cuando pretendes ir más rápido de lo que puedes. Encuentra tu ritmo y ve paso a paso, llegarás muy lejos.

«Más meditación y menos medicación»
Anónimo

«La meditación hace que todo el sistema nervioso
entre en un campo de coherencia»
Deepak Chopra

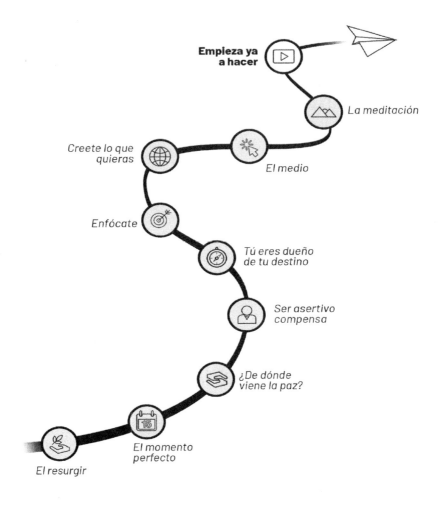

Empieza ya
a hacer

La meditación

Creete lo que
quieras

El medio

Enfócate

Tú eres dueño
de tu destino

Ser asertivo
compensa

¿De dónde
viene la paz?

El momento
perfecto

El resurgir

DEJA YA DE PENSAR Y EMPIEZA A HACER

Ya has recorrido un gran viaje hacia tus propias reflexiones, pero… esto no ha hecho más que empezar!

Ahora que sabes hacia dónde dirigir tu vida, qué hacer con ella y cómo exprimirla… ¡TIENES QUE EMPEZAR A HACERLO!

Lo primero y muy importante es lo que piensas y lo segundo e igual de importante, es lo que haces.

Lo que cuenta de verdad es la suma de lo que piensas y lo que haces.

No te vale de nada pensar en que ibas a hacer una llamada a un ser querido, lo que cuenta es hacer la llamada. No vale de nada pensar en querer hacer deporte si no lo haces. No vale absolutamente para nada pensar que vas a dejar un vicio SI REALMENTE NO LO HACES —lo que haces es posponer la agonía—.

El pensamiento y la acción tienen que ir de la mano. Hay que pensar en qué, cómo, cuándo, y por qué hacerlo y acto seguido

HACERLO. Aunque te equivoques, estarás aprendiendo. Toma como forma de vida que los errores son aprendizajes continuos.

Llegarás más lejos fallando que sin intentarlo.

Muchas veces esperamos acontecimientos importantes que nos despierten y nos LLEVEN DIRECTOS al cambio. Por ejemplo, si realmente quieres dejar de fumar, ¿necesitas que te diagnostiquen un cáncer de pulmón para dejar de fumar? Lo que haces es seguir posponiendo el hecho.

¿Sabes por qué te ocurre esto?

Por falta de motivación.

La motivación no es más que la suma de los motivos para llevar a cabo una acción. Muchas veces no tienes motivos: porque no los buscas, porque es duro, porque conlleva un esfuerzo, porque tu subconsciente se aferra a la ley del mínimo esfuerzo y no quiere trabajar.

Una pregunta...

¿Tú comes todos los días? ¿También te duchas a diario? ¿A que lo tienes como un hábito y una NECESIDAD?

Pues pasa exactamente lo mismo con la MOTIVACIÓN. Empieza a curtírtela todos los días hasta que la tengas como un hábito. Si no tienes ganas, pues tendrás que aprender a fabricarlas. ¿Cómo? Esforzándote, haciendo el esfuerzo de ver la vida desde el lado positivo, recuerda tu frase de ancla y apóyate en ella.

¿Eres valiente o eres mediocre? A estas alturas ya sé que eres valiente, no está de más que tu subconsciente lo recuerde. Así que ¡SIGUE!

Dedicando esfuerzos cuando no te sientas motivado, te convertirás en una persona **DISCIPLINADA**.

«No siempre estarás motivado, por eso
tendrás que aprender a ser disciplinado»
Anónimo

Para empezar a ver hechos, planifica tu tiempo, PONTE FECHAS. Por ejemplo, «este día empiezo a ir al gimnasio, a partir de este día voy a llegar a casa a las 17:00 para pasar más tiempo con mi familia y lo compenso trabajando por las noches, me voy a apuntar a tal curso que empieza en el mes tal». Y LO CUMPLES.

Cuando tus razones están por encima de tus excusas, también lo estarás tú.

Tomar una decisión es estar convencido de lo que piensas, de que vas a hacer lo que te propones y asegurarte de que finalmente LO HACES. Hasta que no lo haces, no has terminado de tomar la decisión. No es un «sí, pero no», por eso:

Di SÍ a tu éxito, SÍ a lo que sueñas, SÍ a conseguir tus objetivos, SÍ a superar tus miedos, SÍ a lo que quieres.

Y ¡HAZLO!

Y ahora iremos un paso más allá: PERSISTE para conseguir TUS SUEÑOS.

¿Cuál es el camino?

La mejora continua, que ya la vimos en *¿Quién soy?*

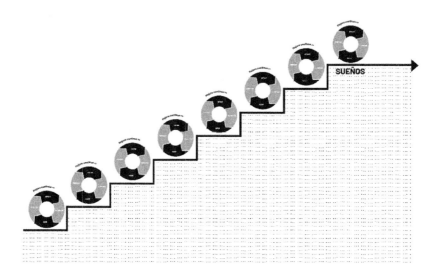

Sin embargo, aquí no acaba todo. Una vez que consigas tus sueños, reflexiona sobre ellos y vuelve a empezar el camino. Ya te habrás dado cuenta de que has aprendido una herramienta valiosísima con la que convertirte en una mejor persona a la vez que eres más feliz y estás más satisfecho contigo mismo. Recorriendo el camino de nuevo —que ahora te costará mucho menos—, verás que todavía puedes beneficiarte de nuevos aprendizajes y de nuevas mejoras. En este momento habrás entrado en la espiral de la mejora continua.

¿Recuerdas hasta dónde tienes que avanzar?

Hasta que tus sueños sean tus nuevos puntos de partida. Consigue tus sueños y sigue soñando, vive con ilusiones. Si te llaman iluso, genial, de ilusiones también se vive.

Haz todo lo posible para no salirte del camino de la mejora continua, siempre —y lo repito—, **siempre** habrá obstáculos en el camino que te sacarán de la senda de la mejora continua — desde la pereza del subconsciente, tu entorno familiar, social y laboral, etc.— por eso te tienes que aferrar a la mejora continua. Tendrás que hacer especial hincapié en no perder la esperanza, en ser un poco más feliz cada día, en tratar de remontar lo antes posible los momentos de bajón. Y cuando tengas momentos de estado de ánimo muy bajos…, ¿qué te vas a decir?

«Olvida lo que sientes y recuerda lo que vales»
Anónimo

No pares de fallar y aprender de ello. Aprende a intentar fallar cada día un poquito mejor. No pares, sigue tu propio ritmo, evita las comparaciones con los demás y celebra tus comparaciones con tu «yo» de ayer. Tu vida es única, tu propósito en la vida es único.

«Eres lo que haces, no lo que dices que harás»
Anónimo

Por último, remarcar la gran importancia de HACER las cosas

Los pensamientos de que vas a hacer algo sin llegar a intentarlo son meras alucinaciones.

«Que tus actos hablen más que tus palabras»
Anónimo

«En realidad son nuestras decisiones
las que determinan lo que podemos llegar a ser
mucho más que nuestras habilidades»
J.K. Rowling

LAS PERSONAS BRILLANTES MARCAN LA DIFERENCIA

Como última parada de este viaje destacaremos cuáles son las principales cualidades y características de las personas brillantes, aquellas que nos alegran solo con su presencia.

Seguramente, con algunas cualidades te sientas identificado, otras sentirás que te las tienes que trabajar. No hace falta cumplir todas las cualidades, no somos perfectos, pero sí es muy importante que trates de aspirar a mejorar aquellas en las que tengas recorrido de mejora.

Todos llevamos a una persona brillante en nuestro interior, pero no todos sabemos exteriorizarla.

Las cualidades principales de las personas brillantes son las siguientes:

- Conocen la diferencia entre lo que pueden aceptar y lo que tienen que cambiar.

«La sabiduría es el arte de aceptar aquello que no puede ser cambiado, de cambiar aquello que puede ser cambiado y, sobre todo, de conocer la diferencia»
Marco Aurelio

- No tienen miedo a nuevos retos y saben adaptarse a entornos complejos.

- Buscan siempre aportar valor ante cualquier situación.

- Tienen pasión, o tratan de buscarla continuamente, por todo lo que hacen.

- Son honestos y escuchan al resto activamente.

- Tratan al resto como al resto les gustaría que les tratasen.

- Tratan de sacar lo mejor de las personas.

- Se alegran por el bien ajeno.

- Saben que la gente pobre mentalmente habla y critica al resto. La gente buena habla de las cosas y objetos. Las personas brillantes hablan de ideas, de cómo mejorar el mundo de cómo rectificar y no caer en el mismo error.

- Tienen amor por todo lo que hacen.

- Perciben cómo les habla el resto, buscan saber lo que siente la otra persona más que lo que piensa, son altamente empáticos.

- Cada problema lo consideran como un reto, una nueva oportunidad para aprender.

- En cada paso, persisten, insisten y nunca desisten.

- Saben y son conscientes de que, dentro de lo posible, no hay nada imposible

- Son conscientes de que nunca se para de aprender y por eso suelen llegar muy lejos en su mejora continua.

- Contagian entusiasmo a raudales.

- La energía que emanan las hace grandes y agrandan más aún a su entorno.

- Toman las decisiones desde el razonamiento y no desde el impulso emocional —reflejan gran cantidad de inteligencia emocional—.

- Son claramente conocedores de sus fortalezas y sus debilidades, por ello, tratan de impulsar sus puntos fuertes encubriendo sus puntos débiles.

- Planifican su vida para conseguir sus objetivos y lo que para ellos es el éxito.

- Son previsoras y se anticipan a las circunstancias.

- Son creativas, no tienen miedo al cambio.

- Se ocupan de llevar una alimentación sana, tienen vida activa y consiguen un descanso profundo.

- Son resilientes, se adaptan a los cambios positivamente.

- Son tolerantes, aunque no estén de acuerdo saben respetar.

- Tienen la mente abierta dispuesta a nuevos cambios y rumbos.

- Son altamente conocedoras de lo que es realmente importante y la importancia relativa que le dan a las cosas.

- Antes de dormir repasan el día y meditan.

- Tienen la mejora continua como filosofía de vida.

- Son altruistas, procuran el bien ajeno de manera desinteresada.

- Le sonríen honestamente hasta a la muerte.

SÉ TU MEJOR VERSIÓN

Querido compañero, estamos llegando al despegue en su máxima expresión.

¿Cuándo despegamos?

AQUÍ Y AHORA

Siendo consciente de que la voz que te ha acompañado durante todo el viaje es TU MEJOR VERSIÓN. Por eso tratarás de acercarte a tu mejor versión día a día y aspirarás a ello de la siguiente manera:

1. Voy a pensar en un referente, en una persona que haya conseguido lo que para mí es el éxito. Lo primero que voy a hacer es imaginar mi rostro en su cara. Voy a mirar a esa persona con la admiración que le tengo, consiguiendo todo lo que esa persona ha logrado.

2. Voy a tratar de acercarme cada día un poco más a este referente, a esta mejor versión de mí mismo.

3. Voy a potenciar mis valores.

4. Me voy a mirar todos los días al espejo y me aceptaré tal y como soy.

5. Si es necesario, voy a buscar ayuda —ya sea de un mentor, un *coach*, un psicólogo o quien haga falta— para que el cambio sea más rápido.

6. De esta forma, reforzaré mi seguridad, mi confianza y autoestima.

7. Seguiré las siguientes pautas para dar lo mejor de mí mismo.

8. Desarrollaré mi lado asertivo y evitaré las comunicaciones tóxicas, aprenderé a decir NO cuando quiera decir NO respetando a todas las partes desde la serenidad.

9. Reforzaré la empatía, trataré de ponerme en la piel de la otra persona y de conectar con sus emociones —no con sus pensamientos—.

10. En los momentos de bajón, me olvidaré de lo que siento y recordaré lo que valgo.

11. Tendré en cuenta que, hacer algo que me satisface ya es un éxito.

12. Cuanto más me centre en aquello que me hace mejorar, menos energía voy a desperdiciar.

13. Ahora sé que la relajación y la meditación son potenciadores, son píldoras para enfocarme en mi éxito y dirigir

mi subconsciente. Por eso, las incluiré en mi forma de vida.

14. Ya sé que un pensamiento negativo impide generar un pensamiento positivo, por eso empezaré a pensar de forma positiva, buscando el lado bueno de todo lo que me ocurra. Seré consciente de que las emociones negativas son parte de mi vida e intentaré gestionarlas de la mejor manera posible.

15. Me hablaré de forma totalmente constructiva, animándome en los momentos de bajón, porque soy consciente de que la mente cree y crea lo que yo le digo.

16. Elegiré una frase mía positiva, un ancla, una frase que me inspire, que me ayude, me anime y me potencie. Este será otro elemento más para realimentar mi subconsciente de forma positiva. La colocaré en mi cartera, en mi dormitorio. Será mi motor. ¡Me la tatuaré si es necesario!

17. Ante cualquier acontecimiento, me olvidaré de las quejas y me centraré en la solución, en tomar la iniciativa, en mejorar y en aprender, en mejorar mi entorno y mis hábitos.

18. He aprendido durante el viaje a reforzar mi seguridad, mi confianza y autoestima, no bajaré nunca la guardia.

19. Habiendo llegado hasta aquí, ya sé que MI felicidad SOLO depende de MÍ y de CÓMO ENFOCO MI VIDA, así que mejoraré día a día.

20. Olvidaré lo que recibo del resto y recordaré lo que yo he dado para seguir aportando.

21. Todo esto me hará sentir mejor y más feliz. Seguiré con pasión, ilusión, motivación y con ánimo.

22. Me compararé con el resto solo para potenciarme y siempre será reconociendo la gran labor y dedicación de los demás.

23. Buscaré conseguir mi propio éxito, nada ni nadie me impedirá conseguirlo.

24. Conseguiré aquello que sueño y me hace feliz y recordaré en un futuro el esfuerzo que puse para conseguirlo haciéndome aún más feliz.

25. Me convertiré en un verdadero mondiador.

26. ENCONTRARÉ, PERSEGUIRÉ Y CONSEGUIRÉ MI PROPÓSITO EN LA VIDA.

EL VIAJE SIGUE

Querido viajero, vuelvo a ser el autor que se quedó en la parada «con los pies en la tierra», ya no soy tu mejor versión, en este momento dejo que sigas tu propio camino, podrás revivir este viaje cuantas veces quieras, al igual que podrás revivir aquellas paradas que más te hayan hecho disfrutar y aprender en tu desarrollo personal.

En este viaje hemos vivido gran cantidad de emociones y pensamientos diferentes. Mi más sincera enhorabuena por haber conseguido llegar hasta aquí.

Ha sido un verdadero placer compartir este viaje y la suma de cada momento presente contigo.

No olvides que eres un ser maravilloso, único y extraordinario con todos y cada uno de tus defectos.

«Hasta el infinito y más allá»
Buzz Lightyear

De corazón, te deseo todo lo mejor.

Alberto

RECÁMARA

«Toda persona tiene la capacidad para cambiarse a sí misma», Albert Ellis

«Céntrate en la solución y no en el problema», anómimo.

«Cada problema tiene en sus manos un regalo para ti», Richard Bach

«Ante la injusticia, no des ni un paso hacia atrás, ni para coger impulso», anónimo.

«O ganas o aprendes», anónimo.

«Todo esfuerzo en ser mejor persona compensa con el sentimiento de paz, felicidad y serenidad que se consigue», anónimo.

«La vida es la suma de las circunstancias que vivimos en cada momento presente», Alberto Peña.

«Solo existen dos días en el año en que no se puede hacer nada. Uno se llama ayer y otro mañana», Dalai Lama.

«Esfuérzate en que hoy sea mejor que ayer y mañana mejor que hoy», anónimo.

«Los pensamientos son los causantes de las emociones. Si aprendes a pensar de forma adecuada, aprenderás a sentir de otra forma», Rafael Santandreu.

«Cualquier cosa parece un poco más pequeña cuando se ha dicho en voz alta», Hermann Hesse.

«Las emociones inexpresadas nunca mueren. Son enterradas vivas y salen más tarde de peores formas», Sigmund Freud.

«Si tus sueños no te dan miedo, entonces no son lo suficientemente grandes», Ellen Johnson.

«El fracaso es una buena oportunidad para empezar de nuevo con más inteligencia», Henry Ford.

«El cementerio está lleno de soñadores que ni intentaron cumplir sus sueños», Alberto Peña.

«Solo una cosa convierte en imposible un sueño: el miedo a fracasar», Paulo Coelho.

«El hábito hace al maestro», anónimo.

«El odio no se cura con más odio, se cura con amor», Buda.

«El amor propio no es pasar por alto tus defectos. El amor propio es expandir tu conciencia para incluir tus defectos y tus puntos débiles», Vironika Tugaleva.

«Cuando lleguemos a ese puente, lo cruzaremos». Francisco Veredas

«El futuro se hace con lo que se crea hoy, no mañana», anónimo.

«Trabaja, esfuérzate, siembra, siente, vive tu presente con vistas al futuro para tratar de conseguir tus propios y mejores éxitos», anónimo.

«Nunca vas a derrotar a quien nunca se rinde», anónimo.

«La expresión de un rostro es más importante que la ropa que llevas puesta», Dale Carnegie.

«Para alcanzar serenidad y felicidad, lo que dices, lo que piensas y lo que sientes tiene que estar alineado y en la misma dirección», Alberto Peña.

«El que conoce lo exterior es erudito, quien se conoce a sí mismo es más sabio, quien conquista a los demás es poderoso y quien se conquista a sí mismo es INVENCIBLE», anónimo.

«Tanto si piensas que puedes como si piensas que no puedes, estás en lo cierto», Henry Ford.

«Al final eres y serás lo que crees que eres», anónimo.

«No te daña lo que te falta, te daña la creencia de lo que necesitas», anónimo.

«La corrección hace mucho, pero la valentía hace más», Goethe.

«Hace más daño lo que imaginas, que lo que realmente pasa», anónimo.

«De todos los conocimientos posibles, el más sabio y útil es conocerse a uno mismo», William Shakespeare.

«El conocimiento de uno mismo, es decir, la capacidad de reconocer un sentimiento en el mismo momento que aparece constituye la piedra angular de la inteligencia emocional», Daniel Goleman.

«Tienes que enfocar toda tu energía, no en la lucha contra lo viejo, sino en la construcción de lo nuevo», anónimo.

«No cuentes los días, haz que los días cuenten», Muhammad Ali.

«No es que tengamos poco tiempo, sino que perdemos mucho», Séneca.

«No hay camino hacia la paz, la paz es el camino», Mahatma Gandhi.

«La persona que no está en paz consigo misma, será una persona en guerra con el mundo entero», Mahatma Gandhi.

«La paz viene de dentro, no busques fuera», anónimo.

«Lo que no depende de ti, no existe para tu paz interior», anónimo.

«El dolor es inevitable, el sufrimiento es opcional», Buda.

«La baja autoestima es como conducir por la vida con el freno de mano puesto», Maxwell Maltz.

«Si quieres ser respetado por los demás, lo mejor es respetarte a ti mismo. Solo por eso, solo por el propio respeto que te tengas, inspirarás al resto a respetarte», Fedor Dostoievski.

«No somos el producto de las circunstancias que nos rodean, somos el producto de nuestras decisiones», anónimo.

«Somos dueños de nuestro destino. Somos capitanes de nuestras almas», Winston Churchill.

«Si la oportunidad no llama, construye una puerta», Milton Berle.

«Utiliza la acción proactiva con cada piedra que te encuentres en el camino» Alberto Peña.

«Las personas brillantes saben que dentro de lo posible no hay nada imposible», anónimo.

«Al final eres y serás lo que crees que eres», anónimo.

«Si puedes soñarlo, puedes lograrlo», Walt Disney.

«Si no sacas tiempo para el deporte, acabarás sacándolo para la enfermedad», anónimo.

«No es verdad que la gente pare de perseguir sus sueños porque sean mayores, se hacen mayores porque dejan de perseguir sus sueños», Gabriel García Márquez.

«Más meditación y menos medicación», anónimo.

«La meditación hace que todo el sistema nervioso entre en un campo de coherencia», Deepak Chopra.

«No siempre estarás motivado, por eso tendrás que aprender a ser disciplinado», anónimo.

«Olvida lo que sientes y recuerda lo que vales», anónimo.

«Eres lo que haces, no lo que dices que harás», anónimo.

«Que tus actos hablen más que tus palabras», anónimo.

«En realidad son nuestras decisiones las que determinan lo que podemos llegar a ser, mucho más que nuestras habilidades», J.K. Rowling.

«La sabiduría es el arte de aceptar aquello que no puede ser cambiado, de cambiar aquello que puede ser cambiado y, sobre todo, de conocer la diferencia», Marco Aurelio.

«Hasta el infinito y más allá», Buzz Lightyear.

TU REFUGIO DE PAZ

.

AGRADECIMIENTOS

Este proyecto no se habría conseguido sin haber contado con el apoyo, la ayuda y el ánimo de muchas personas.

Quiero agradecer a mi mujer, Laura, el continuo apoyo y ánimo.

A mi hermano, Juan José, por llevar toda la vida arropándome. A mis padres, Ana y Juan José, por facilitarme siempre toda la ayuda y el soporte que he necesitado.

Por otro lado, me gustaría agradecer a todos los lectores beta la corrección de este libro: Paloma S., Rafael O., Macarena R. Laura G., Sara M., Luis GSM.

A Guillermo Caro, por el gran trabajo realizado totalmente desinteresado con el booktrailer.

A Jesús Martín (Gsus Martín) por el gran trabajo realizado sin ningún tipo de interés de todas las labores de creación de gráficos y fotografías.

A Patricia Rodríguez (@patri.ro_tattoo) por ser una gran artista y ayudarme tanto con el lobo del amor propio (siempre me acompañará) como el mondiador.

A Letropía y Clara C. Scribá por la corrección profesional realizada para la culminación de este libro.

A FactoryFy por impulsar este libro a través del formato digital.

Un especial agradecimiento a todas las personas que me han enseñado y formado durante toda mi vida y que me han permitido desarrollarme y formarme como persona.

Y, por último, quiero dar las gracias de corazón a todas las personas que me han puesto obstáculos en el camino, pues, a través de estos, he podido aprender muchísimo.

Sin todos ellos, este proyecto no habría sido posible.

EL AUTOR

Alberto Peña Fernández, nacido en Madrid en 1988, ha tenido una vida con ciertas dificultades, como todas las personas, lo que le hizo sufrir y por lo que acabó aprendiendo. Es una persona aventurera, motivada, pensativa y reflexiva sobre distintos aspectos de la vida y de la muerte desde una edad muy temprana.

Tras varios sucesos amargos, llegó un momento en el que empezó a observarse desde fuera, a analizar su reacción y ver su comportamiento ante las distintas circunstancias de la vida llegando a realizar una transformación personal.

Ha vivido en su propia piel todos y cada uno de los aspectos que se incluyen en este libro, de ahí el estilo directo, fuerte y conciso. Cree firmemente que, con esfuerzo, todas las personas pueden alcanzar la felicidad, el perdón, la aceptación y todos y cada uno de los propósitos que se propongan.

BIBLIOGRAFÍA

Carnegie, D. (1940) *Cómo ganar amigos e influir sobre las personas,* Ed. Simon & Schuster.

Castanyer, O. y Ortega, E. (2015) *Asertividad en el trabajo.* Ed. Penguin.

Chopra, D. (2011) *Las 7 leyes espirituales del éxito.* Ed. Edaf

Goleman, D. (1996) *La inteligencia emocional.* Ed. Kairos.

Jericó, P. (2010) *Héroes cotidianos.* Ed. Planeta.

Kiesel A. et al. (2006) *Unconscious manipulation of free choice in humans.* Consciousness & Cognition, vol. 15, págs. 397-408.

Luna, M. (2020). *Psicología del éxito.* Ed. Corre voz.

Marco Aurelio (2012) *Meditaciones.* Ed. Taurus.

Pérez Ortega, A. (2017) *Marca personal para dummies.* Ed. Para Dummies.

Pérez Santiago, L. (2017). *Todo es posible.* Ed. Edaf.

Sharma, R. (2010) *El monje que vendió su Ferrari.* Ed. Debolsillo.

Stanislas Dehaene et al. (1998) *Imaging unconscious semantic priming.* vol. 395, págs. 597-600, 1998.

Tolle, E. (2001). *El poder del ahora.* Ed. Gaia.

FILMOGRAFÍA:

Salva V. (Director) (2006) *El Guerrero pacífico.*
Jolie A. (Directora) (2014) *Invencible.*
Hirst M. (Director) (2013) *Vikingos.*
Docter P. Del Carmen R. (Directores) (2015) *Del revés.*

MÉTODOS APLICADOS:

Método todo es posible – Luis Pérez Santiago
Método Silva de la relajación mental – José Silva
La teoría del miedo – Sigmund Freud
El juego de la confianza – Russ Harris

ORADORES Y PERSONAJES PÚBLICOS:

Especial agradecimiento a los siguientes oradores y personas por su gran aporte a la sociedad para hacer un mundo mejor:

Laurie Santos
Liz Dunn
Víctor Kuppers
Emilio Duró
Laura Rojas-Marcos
Jose Miguel Mullet
Álex Rovira
Dani Rovira
Doc Childre
Facundo Manés
Albert Mehrabian

Albert Elis
Richard Bach
Rafael Santandreu
Hermann Hesse
Sigmund Freud
Paulo Coelho
Goethe
Daniel Goleman
Muhammad Ali
Séneca
Mahatma Gandhi
Maxwell Maltz
Fedor Dostoievski
Gabriel García Márquez
Marco Aurelio.
Vironika Tugaleva
Bronnie Ware
Winston Churchill
Milton Berle
Walt Disney
Deepak Chopra
J.K. Rowling
Borja Vilaseca
Marian Rojas-Estapé
Ellen Johnson

El presente libro ha sido elaborado gracias al trabajo de muchas personas y estudios. Se ha escrito muy cuidadosamente. No obstante, del contenido de las indicaciones no se deriva ninguna responsabilidad. El autor no asume ninguna responsabilidad por los posibles inconvenientes o perjuicios que pudieran resultar de los consejos contenidos en el libro.

Printed in Great Britain
by Amazon